U0581845

editorialSol90

图说人类文明史

拜占庭帝国

西班牙 Sol90 出版公司 编著

同文世纪 组译　张钊 译

中国农业出版社

农村读物出版社

北　京

图书在版编目（CIP）数据

图说人类文明史. 拜占庭帝国 / 西班牙Sol90出版公
司编著；同文世纪组译；张钊译. —— 北京：中国农业
出版社，2024.9
ISBN 978-7-109-29162-1

Ⅰ.①图… Ⅱ.①西… ②同… ③张… Ⅲ.①拜占庭
帝国－文化史－通俗读物 Ⅳ.①K103-49

中国版本图书馆CIP数据核字(2022)第031278号

GRANDES CIVILIZACIONES DE LA HISTORIA

Imperio Bizantino

First edition © 2008, Editorial Sol90, Barcelona
This edition © 2020, Editorial Sol90, Barcelona, granted in exclusively to China Agricultrue Press for its edition in China.
www.sol90.com
All rights reserved. No part of this publication may be reproduced, stored in a retrieval system or transmitted, in any form or by any means, electronic, mechanical, photocopying, recording or otherwise, without the prior permission of the copyright holder.

Author: Editorial Sol90

Based on an idea of Daniel Gimeno
Editorial Management Daniel Gimeno
Art Direction Fabián Cassán
Editors 2019 Edition Joan Soriano, Alberto Hernández
Writers Juan Contreras, Gabriel Rot
Research and Images Production Virginia Iris Fernández
Proofreading Edgardo D'Elio
Producer Marta Kordon
Layout Luis Allocati, Mario Sapienza
Images Treatment Cósima Aballe
Photography Corbis, Science Photo Library, Getty, Sol90images
Illustrations Dante Ginevra, Trebol Animation, Urbanoica Studio, IMK 3D, 3DN, Plasma Studio, all commisioned specially for this work by Editorial Sol90.
www.sol90images.com

图说人类文明史

拜占庭帝国

First edition © 2008, Editorial Sol90, Barcelona
This edition © 2020, Editorial Sol90, Barcelona, granted in exclusively to China Agricultrue Press for its edition in China.
All Rights Reserved.

本书简体中文版由西班牙Sol90出版公司授权中国农业出版社有限公司于2023年翻译出版发行。
本书内容的任何部分，事先未经版权持有人和出版者书面许可，不得以任何方式复制或刊载。
著作权合同登记号：图字01-2020-4873 号

中国农业出版社出版
地址：北京市朝阳区麦子店街18号楼
邮编：100125
项目策划：张志 刘彦博　　责任编辑：孙利平 张志　　责任校对：吴丽婷　　责任印制：王宏
翻译：同文世纪 组译 张钊 译　　审定：李昭第　　丛书复审定：刘林海　　封面设计制作：张磊　　内文设计制作：田晓宁
印刷：鸿博昊天科技有限公司
版次：2024 年 9 月第 1 版
印次：2024 年 9 月北京第 1 次印刷
发行：新华书店北京发行所
开本：889mm×1194mm　1/16
印张：6
字数：200千字
定价：98.00元

版权所有·侵权必究
凡购买本社图书，如有印装质量问题，我社负责调换。
服务电话：010-59195115　010-59194918

图说人类文明史

拜占庭帝国

目 录

前言：文化熔炉
——拜占庭

盛大的典礼和东方化的仪式被拜占庭所继承，塑造了东方基督教会的独特风格。（下图为拜占庭时期制作的项链）

　　从理论上说，拜占庭帝国是罗马帝国的继承者。这个帝国屹立千年不倒，很难用三言两语把它说清楚。"拜占庭"这一名称是近代才出现的，它的臣民从未自称"拜占庭人"。那么，真正的拜占庭又是什么呢？对于罗马人而言，拜占庭似乎既是希腊文明在中世纪的延续，又是罗马与希腊文明交融而成的东方帝国。

　　要想弄清楚这个问题，必须追溯到古希腊时期。前4世纪，古希腊思想家将城邦与传统的血缘关系区分开，建立了一个更高级的文明：希腊。苏格拉底（Isócrates）认为，这一概念是为了寻找一种新的城邦模式，用于取代希腊各城邦业已过时的民主和寡头政治。从亚历山大大帝（Alejandro Magno）开始，人们就走向了一个一体化的世界。政治上，广泛采用神圣的君主制，实行亚洲政治方案（如波斯）。文化上，使用统一的语言与艺术形式（如希腊）。虽然他们的继任者无法保持政治上的统一，但是他们促成了文化上的统一，为罗马帝国的巩固奠定了基础。

　　而语言、文学、艺术形式和国家组织上的趋同还不足以消弭城邦间的差别。国与国的不同、思想与宗教基础的缺失共同变成了巨大的屏障。旧的社会与政治结构的退化导致帝国逐渐瓦解。为了管理辽阔的领土和多民族杂居的公民，戴克里先（Diocleciano）进行了改革。帝国首都罗马不再是统一的保障，它自己尚且需要一场深层次的意识形态变革。一神教不可避免地逐渐占据了主导地位。君士坦丁大帝（Constantino el Grande）深知信奉一神教、实行宗教统一的重要性，而帝国的君主将成为神在凡间的代言人。为了解决帝国内部社会与宗教退化的问题，君士坦丁大帝摇身一变，成了基督教的保护者。在几个世纪后，这里将诞生一个崭新的神权国家，它不仅会实现"罗马治世"时期致力于为臣民谋求福祉的目标，还将为人们的灵魂提供永远的救赎。君士坦丁大帝下令将帝国的行政和政治中心转移到希腊化的东方，最终形成了我们熟知的带有混合色彩的拜占庭文化：继承罗马文化传统，将基督教及希腊的语言和文学艺术兼收并蓄。

右图．埃及西奈山上圣凯瑟琳修道院内保存的创作于11世纪的宗教画。

概述：迈向新罗马

　　3世纪末，随着日耳曼民族和基督教的步步紧逼，罗马帝国的军事和政治权力日渐衰弱。戴克里先不仅把帝国的权力在奥古斯都（Augustos）和凯撒（Césares）之间进行了分配，同时还把整个帝国分为东、西两大部分，他希望借此可以挽救帝国的颓势。可惜在他死后，权力的分散和对皇帝头衔的觊觎引发了内战。君士坦丁在赢得胜利后，做出了一项重大决定：将帝国首都迁往城市化程度更高、更繁荣和更富有的东部。为了纪念这位伟大的皇帝，人们将这座希腊化的城市"拜占庭"改名为"君士坦丁堡"。这标志着一个新文明的诞生。◆

圣索菲亚大教堂

大西洋

托雷多

加的斯

卡塔赫纳

新罗马和新锡安

　　君士坦丁皇帝的目的不是简单地复制旧罗马。他认为，新的首都应该包括新的宗教，而这种宗教不久将上升为国教。君士坦丁堡及城中的建筑和崇拜对象将成为基督教神圣的象征。从帝国各地汇集而来的圣物连同存放它们的基督教堂让新罗马变为了新锡安。城内建有纪念性建筑、浴室、水渠和蓄水池。为了纪念上帝的智慧，还建造了一座中世纪基督教最著名的教堂——圣索菲亚大教堂。6世纪中叶，查士丁尼（Justiniano）重建了这座闻名世界的教堂（上图），巨大的拱形顶体现了基督教的世界观。1453年，奥斯曼土耳其人征服了君士坦丁堡，并将大教堂变成了现在的清真寺。

拜占庭帝国

两个帝国，一种货币

　　尽管有人在政治上曾经试图恢复古罗马帝国，但因为经济发达、实力强大，拜占庭的货币——索里都斯（左图）最终成了当时主要的流通货币。君士坦丁堡掌控着贸易流通的命脉，这虽然给帝国带来了巨大的财富，但也埋下了悲剧的种子。一方面，君士坦丁堡成为新兴国家，尤其是伊斯兰世界扩张的绊脚石；另一方面，为了加强军事力量，特别是海军，军费支出已经高到了不可持续的程度。

黑海

摩西亚　　君士坦丁堡　　小亚细亚

塞萨洛尼卡　　尼西亚　　安提阿

拉文纳

罗马　　塔兰托　　以弗所　　耶路撒冷

撒丁岛　　西西里　　地中海

亚历山大　　埃及

迦太基　　切尔尼卡

地中海的地缘政治变化

　　西欧发生的一系列变化导致了罗马帝国的瓦解、经济的加速衰退，以及新王国的出现。这都凸显了地中海东部地区的政治意义。随着贸易往来的日益繁荣，条件也越来越成熟。在远东和地中海交流的中心（左图，威尼斯圣马克大教堂一幅13世纪的马赛克镶嵌画，描绘了圣马克抵达亚历山大的场景），"新罗马"——君士坦丁堡屹立于此，这座城市尊崇基督教（右图，15世纪的拜占庭式基督坐像）。395年，狄奥多西一世（Teodosio I）去世。临终前，他将罗马帝国分给两个儿子。从此，罗马帝国正式分裂为东罗马帝国和西罗马帝国。

历史和社会组织

历史和社会组织

新文明

拜占庭帝国的建立不是源于某次征服或是某位皇帝，而是罗马帝国长期演变的结果。因此，很难就其特征与独立性去断代。什么是真正的拜占庭？这是一个很难回答的问题。因为在它漫长的历史中，拥有太多与众不同的面貌与特征。

毋庸置疑，拉丁文化和希腊文化的二元性在旧罗马帝国中一直并存，这就导致戴克里先改革后出现了迥然不同的结果。330年，新首都的建立，使得位于东方帝国的重要性大增，但是基督教才是这个新国家真正与众不同之处。君士坦丁堡作为首都，对于帝国的重要性，在"统治性城市"这些特定称谓中可见一斑。但是，尽管城市危机程度略逊于西罗马帝国，这里也同样陷入了长期危机，许多城市急剧衰退，甚至逐渐消失。

整顿

狄奥多西一世（379年至395年在位）恢复了帝国的统一。他不仅让基督教成为官方认可的国教，还阻止了蛮族入侵。可惜在他死后，帝国再度分裂成两个部分。尽管表面上帝国仍是一个整体，但是，貌合神离的东西方、复杂的内政问题及蛮族入侵导致帝国再度分裂。最终的结果就是：拉丁化的西罗马帝国灭亡，而希腊化的东罗马帝国由于组织有序以及坚实的经济和社会基础留存了下来。狄奥多西二世（Teodosio II，408年至450年在位）统治期间实施了一系列政策：汇编法律、整顿司法秩序；建立君士坦丁堡大学，对精英阶层进行管理和文化教育；让官方语音希腊化；加强首都完备的防御体系。此外，他还凭借灵活的外交手段，设法避免了阿提拉（Atila）的入侵。尽管如此，权力纷争、宗教异端，以及严重的经济问题依然层出不穷。5世纪后半叶，这个帝国巨人在不稳定的因素中瑟瑟发抖。

基督教的凝聚力

基督教的壮大给政治和社会体系带来了深刻的变革。自从基督教成为新帝国的国教，皇帝就成了臣民在政治生活和宗教方面的守护者。从君士坦丁大帝开始，推行一神论宗教是为了在意识形态上实现统一，加强皇权。此后，皇帝身为上帝在人间的代言人，仿佛弥赛亚的摩西（Moisés）一般。皇帝不只是一个统治者，还是信仰的守护者和教会精神统一的捍卫者。

随着统一的信仰成为帝国单边政治的核心，如异端邪说般的教义分歧不仅让皇帝感到担忧，还将其推到了宗教统一的最前沿。例如，君士坦丁大帝不得不在325年召集第一次尼西亚大公会议，处理质疑耶稣基督是否与天父同质的问题。围绕神性、三位一体的异端学

❖ 左图的**鹰形标志**是5世纪萨珊王朝的雕像。它在古代是权力的象征。时至今日，它在西方国家依然常见。

❖ 在 15 世纪的《纽伦堡编年史》(Liber Chronicarum) 中，有一幅城墙环绕**君士坦丁堡**的插画，可惜这些高大的城墙在奥斯曼人的大炮前轰然倒塌。

❖　14世纪拜占庭托盘中的**骏鹰**，源自美索不达米亚文化传说中的神兽。

毁坏圣像运动与圣像崇拜

❖❖❖

毁坏圣像派反对崇拜圣像。圣像崇拜派则是基督教传统的卫道者。726年至843年，两方的纷争"撕裂"了拜占庭帝国。第一次毁坏圣像运动自726年开始，利奥三世（León Ⅲ，717年至741年在位）废除的圣像崇拜活动，直到787年召开的第二次尼西亚大公会议才得以恢复。第二次毁坏圣像运动发生在813年至843年间，到843年才彻底恢复了圣像崇拜的正统地位。毁坏圣像运动凸显了国家政权与君士坦丁堡教会的冲突，因为皇帝是毁坏圣像派最大的支持者，而教会则是圣像崇拜派的支持者。

说不仅反映了东、西方宗教信仰的差异，还危及帝国的思想和政治统一。

多神教的衰落

公元初的几个世纪，基督教与古典希腊文化和思想虽然格格不入，但并非敌对。虽有叛教者尤利安（Juliano el Apóstata，361年至363年在位）的不懈努力，但多神教似乎注定会消失。来自东方的思想逐渐在公共和私人生活的方方面面渗透进来。虽然修道院是当时基督教在社会上流行的重要标志，但是，古罗马的遗存还是通过教会机构得以部分保留。4世纪末，一些伟大的卡帕多西亚教父试图以不同的方式解读经文，比如：该撒利亚的巴西流（Basilio）、纳西昂的格里高利（Gregorio）、圣金口若望（Juan Crisóstomo），从而为随后的研究与模仿开辟了道路。东方教会正逐渐受到后苏格拉底哲学的影响，这就意味着，对自身假设发生了根本改变。与此同时，随着教会与国家机构间的逐渐认同，二者的矛盾逐渐正常化。380年颁布的《萨洛尼卡敕令》（Edicto de Salónica）不仅标志着异教的最终灭亡，还通过尼西亚信条统一了各派对神性的解释，从而标志着帝国在宗教上的统一。

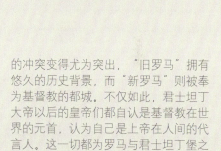

❖ **执政官**　威尼斯圣马可大教堂门前的罗马帝国执政官雕像。

教会组织

对于受众广泛的宗教，保持团结从来都不是一件容易的事。教区参照国家行政体制模式迅速组织起来，主教为最高一级，作为耶稣使徒的继承者和传达上帝旨意的执行者。然而，在像罗马帝国这样幅员辽阔的地方，事情的进展并非轻而易举。

人们试图通过设立更加广泛的教区来解决这个问题，它们构成了教会第一级划分。五大教区由此诞生：帝国旧都罗马教区，其主教被视为圣彼得（San Pedro）的继任者；非洲和亚洲的两大都市亚历山大教区和安提阿教区；帝国的新首都君士坦丁堡教区；在基督教传统中具有重要象征意义的耶路撒冷教区。但是，谁可以号令天下，这个问题一直悬而未决。此时，"旧罗马"和"新罗马"之间

马其顿复兴

❖❖❖

在经历了毁坏圣像运动和外部威胁的"黑暗世纪"后，拜占庭帝国进入了"马其顿王朝"（867年至1057年）的黄金时期，各方面都有了发展。帝国的君主进行了行政改革，既提升了国力，又恢复了经济。对外政策也日见起色，接连收复了一系列失地。尽管阿拉伯人仍是巨大的威胁，但在10世纪，拜占庭帝国依旧成功收复了叙利亚的埃德萨（944年）和克里特岛（961年）。实际上，与欧洲保加利亚帝国的战争才是生死存亡之战。幸运的是，拜占庭皇帝们深谙军事治国之道，例如，约翰一世（Juan Tsimisces Ⅰ，969年至976年在位）和巴西尔二世（Basilio Ⅱ，976年至1025年在位），他们彻底击败了保加利亚帝国，并于1018年将其并入拜占庭帝国的版图。

的冲突变得尤为突出，"旧罗马"拥有悠久的历史背景，而"新罗马"则被奉为基督教的都城。不仅如此，君士坦丁大帝以后的皇帝们都自认是基督教在世界的元首，认为自己是上帝在人间的代言人。这一切都为罗马与君士坦丁堡之间的对抗埋下了隐患。

❖ **上帝之母**　拜占庭浮雕上的圣母玛利亚和幼年耶稣。他们的代表意义在神学领域引发了无尽的争论。

❖ **东正教会**是从罗马教会分离出来的基督教的一个分支。圣索菲亚大教堂（下图）内存有该教会最重要的宗教圣物。

查士丁尼一世

西罗马帝国陷落后，重振帝国昔日荣耀的重任就落在了查士丁尼一世（527年至565年在位）的肩上。他凭借无休止的战争使东部边界免受萨珊波斯人的侵扰，并且恢复了西罗马帝国的旧时边界。此外，北非、伊塔利卡半岛和伊比利亚半岛东南部的部分地区均曾短暂地纳入帝国版图。这位君主的影响在帝国的其他方面随处可见，如他着手编写了新的罗马法律、法规；强行关闭了雅典的柏拉图学院；命令最后的异教徒群体改信基督教，使多神教走向末路。536年，他通过召开第二次君士坦丁堡公会议维护教会的团结，加强了皇帝作为首脑的地位；

借大兴土木名垂史册，为后世留下了诸如引水渠、蓄水池、防御工事等一系列公共设施。当然，最著名的莫过于对圣索菲亚大教堂的重建了，它是宗教建筑的巅峰之作。

查士丁尼一世死后，政治的不稳定和经济的衰退再度威胁到整个国家，而他的继任者们难当大任，北方出现了新的入侵者——斯拉夫人，他们侵入巴尔干半岛并占领了大部分地区。另外，西面由于日耳曼人的入侵，被光复土地上的人员结构发生了深刻变化，由此削弱了君士坦丁堡对当地的控制。

萨珊王朝的波斯人再次对帝国的存亡构成严重的威胁，直到希拉克略（拉丁名：*Heraclius*，610年至641年在位）登基，才使帝国摆脱了威胁。他果断舍弃西部领土，集中精力挽救帝国东部地区。在与萨珊帝国的战斗中，战争带有宗教色彩，拜占庭多次借宗教问题发动战争。这与后世的十字军东征有相似之处，十字军东征旨在收复被穆斯林统治的圣地耶路撒冷。希拉克略死后，帝国虽然成功地摆脱了萨珊帝国的威胁，却又被阿拉伯人的恐怖阴霾所笼罩。这些信奉伊斯兰教的敌人在674年兵临城下，并在此后的678年和717年严重威胁到帝国的安全。从此以后，这一威胁如阴魂般萦绕不散。最终，在1453年，奥斯曼人占领了君士坦丁堡，千年帝国就此终结。

火炮摧城

君士坦丁堡自 1204 年就落入了十字军之手，当米哈伊尔八世·巴列奥略（Miguel Ⅷ Paleólogo）将其重新夺回时，恢复统治的拜占庭帝国却陷入了持续的衰落中，奥斯曼帝国的发展极大地削弱了拜占庭帝国在亚洲的统治地位。在巴尔干半岛，拜占庭帝国不得不与 1204 年兴起的希腊和拉丁国家竞争。在地中海，威尼斯海军终结了君士坦丁堡的海上贸易主导地位。整个 14 世纪，拜占庭帝国还必须应对由阿拉贡王朝雇佣的西班牙轻步兵的恐怖袭击。幸而此时的塞尔柱王朝、蒙古人和波斯萨法维王朝彼此交恶，这才使拜占庭帝国得以苟延残喘。不过，奥斯曼人才是帝国的终结者。拜占庭帝国为应对奥斯曼人的进攻而向西方求援，但是，欧洲各国却开出条件，要求东正教教会此后从属于罗马教会。就在穆罕默德二世（Mehmet Ⅱ）围城两个月后，1453 年 5 月 29 日，君士坦丁堡沦陷。拜占庭帝国的末代皇帝巴列奥略王朝的君士坦丁十一世（Constantino Ⅺ）战死。他在生前最后一刻还率军与数倍于己的奥斯曼军队作战。最终，奥斯曼的火枪、火炮战胜了君士坦丁堡的高墙壁垒。新式武器的广泛应用标志着一个新时代的来临。可惜，此时的拜占庭帝国已经没有立锥之地了。

❖ 1453 年，奥斯曼军队占领**君士坦丁堡**。这是历史的转折点，是现代史的开端（这是现代史的一种划分方法）。

君士坦丁大帝

弗拉维·瓦莱里乌斯·奥勒里乌斯·君士坦丁（Flavio Valerio Aure-lio Claudio Constantino, 272-337），306年至337年任罗马帝国皇帝，他就是历史上大名鼎鼎的君士坦丁大帝。他在军队的拥立下登上皇位时，罗马帝国虽盛名犹在，却危机四伏。尽管当时他还是一名多神教徒，但他于313年颁布《米兰敕令》（Edicto de Milán），使基督教合法化。不过，真正令他名留青史的却是修建了拜占庭帝国的首都——君士坦丁堡。325年，他在第一次尼西亚公会议上确认了基督教的合法性。尽管他在临终前才接受洗礼，但仍有历史学家视他为历史上第一位信奉基督教的皇帝。◆

一手指天　这只手是雕刻于330年的君士坦丁大帝雕像上最具暗示性的部分，也是保存最完好的部分。雕刻家用指向天空的食指，表现出皇帝拥有至高无上的权力和皇权神授的意义。

狄奥多西二世修建的君士坦丁堡城墙

世界上最大的城市

君士坦丁堡，也就是今天土耳其的伊斯坦布尔，曾是拜占庭帝国的首都。拜占庭帝国也被称为东罗马帝国，从395年建国一直延续到1453年被奥斯曼土耳其人征服。经过6年的营建，在工程并未全部完工的情况下，336年君士坦丁大帝亲自为这座城市揭幕，初时，城中人口只有3万，一个世纪后，就达到了50万，成了世界上最大的城市。

新罗马，俗称君士坦丁堡，是在希腊古城拜占庭的基础上重建的，建制标准与罗马相似，它拥有14个区、教堂等，享受免税的权利。

5世纪的双联画，代表了东、西两大罗马帝国

两个罗马帝国

君士坦丁大帝去世后，罗马帝国的分裂已是不可逆转的事实。日耳曼人无情地入侵使帝国的统一雪上加霜。但是，直到395年，狄奥多西大帝去世时，帝国才真正一分为二。临死前，他将帝国的西部连同首都罗马分给幼子霍诺里乌斯（Honorio），把帝国的东部连同首都君士坦丁堡分给了长子阿卡迪乌斯（Arcadio）。自此，东罗马帝国与西罗马帝国开始分庭抗礼。与西罗马帝国的命运不同，东罗马帝国一直延续到1453年。

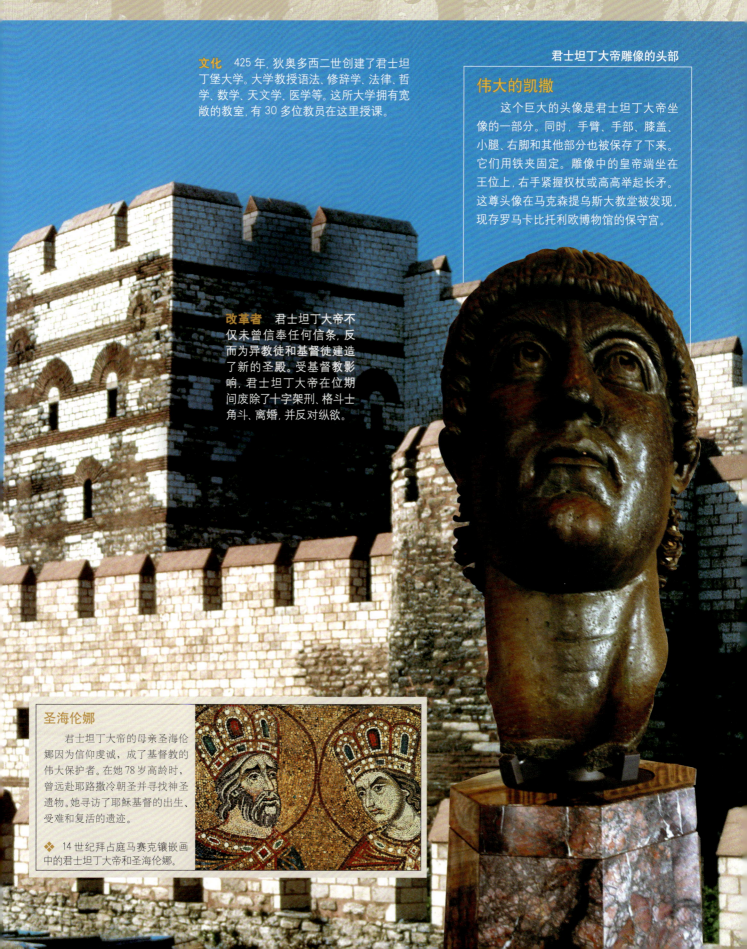

文化　425 年，狄奥多西二世创建了君士坦丁堡大学。大学教授语法、修辞学、法律、哲学、数学、天文学、医学等。这所大学拥有宽敞的教室，有 30 多位教员在这里授课。

君士坦丁大帝雕像的头部

伟大的凯撒

这个巨大的头像是君士坦丁大帝坐像的一部分。同时，手臂、手部、膝盖、小腿、右脚和其他部分也被保存了下来。它们用铁夹固定。雕像中的皇帝端坐在王位上，右手紧握权杖或高高举起长矛。这尊头像在马克森提乌斯大教堂被发现，现存罗马卡比托利欧博物馆的保守宫。

改革者　君士坦丁大帝不仅未曾信奉任何信条，反而为异教徒和基督徒建造了新的圣殿。受基督教影响，君士坦丁大帝在位期间废除了十字架刑、格斗士角斗、离婚，并反对纵欲。

圣海伦娜

君士坦丁大帝的母亲圣海伦娜因为信仰虔诚，成了基督教的伟大保护者。在她 78 岁高龄时，曾远赴耶路撒冷朝圣并寻找神圣遗物。她寻访了耶稣基督的出生、受难和复活的遗迹。

❖ 14 世纪拜占庭马赛克镶嵌画中的君士坦丁大帝和圣海伦娜。

帝国的分裂

　　戴克里先（284年至305年在位）通过建立四帝共治制对帝国进行了深入的改革。他的继任者君士坦丁一世是帝国分裂前的最后一任皇帝。后来，为了维持帝国的统一，狄奥多西一世宣布基督教为国教。不久之后，狄奥多西一世皇帝将帝国一分为二，赐予了两个儿子：阿卡迪乌斯掌管东罗马帝国，霍诺里乌斯则掌管西罗马帝国。东罗马帝国国祚千年，拥有富庶的经济和灿烂的文化；而西罗马帝国却在476年由于蛮族的入侵而终结了。西罗马帝国的最后一任皇帝罗慕洛·奥古斯都（Rómulo Augústulo）被奥多亚克（Odoacro）废黜，欧洲中世纪历史就此展开。◆

阿卡迪乌斯皇帝　上图为带有阿卡迪乌斯皇帝头像的罗马硬币，383 年至 388 年铸造于基齐库斯。硬币正面是皇帝的头像，他头戴王冠，身披长袍；硬币背面是阿卡迪乌斯骑马像。硬币直径 16.38 毫米，重 1.9 克。

匈人领袖阿提拉之像（18世纪雕刻）

攻入罗马

　　阿提拉（406-453）是最后一位匈人王。他在位期间，疆域从中欧到黑海，从多瑙河到波罗的海，拥有当时欧洲最大的版图。他两次入侵巴尔干，直抵罗马帝国的大门并围困君士坦丁堡。他领军穿越法国，到达奥尔良地区。虽然匈人的脚步在卡太隆尼平原受阻，但瓦伦丁尼三世（Valentiniano III）还是从拉文纳仓皇出逃。

蛮族入侵　395 年，狄奥多西一世的去世造成了权力真空。与此同时，帝国原本驻扎在东部的军队被调往西部。匈人利用这一时机，开始攻击东罗马帝国。

强人林立　先后出现的几位铁腕人物对政坛产生了深远的影响。在罗马帝国的西部，霍诺里乌斯受制于汪达尔将军斯提里科（Estilicón）；在东部，阿卡迪乌斯则受到大臣鲁菲努斯（Rufino）的钳制。斯提里科进兵希腊，试图抵挡哥特人，但却被人栽赃、反叛。受鲁菲努斯的鼓惑，阿卡迪乌斯命令斯提里科撤军。为了解决这个对手，395 年斯提里科派哥特雇佣军刺杀了鲁菲努斯。

阿拉里克（Alarico）进入罗马（19世纪雕刻）

罗马的哥特人

　　狄奥多西一世去世以后，西哥特军队首领阿拉里克认为，无需再与罗马保持臣属关系，随即断绝了脆弱的联盟并自立为王（395 年至 410 年在位）。他击败了几支罗马军队，对罗马进行了长达一周的劫掠，并掳走了皇帝的妹妹加拉·普拉西迪亚（Gala Placidia）。阿拉里克是西罗马帝国走向覆灭的关键因素。

君士坦丁堡内纪念狄奥多西一世的方尖碑

从埃及运来的方尖碑

　　方尖碑最初被放置于君士坦丁堡的竞技场并进行了修复。碑的东面反映的是狄奥多西一世和他的儿子阿卡迪乌斯及霍诺里乌斯为马车竞赛的获胜者颁发桂冠；北面刻画的是皇帝和他的宫廷大臣；西面表现的是皇帝正在接受败军的朝觐；南面表现的是狄奥多西一世及其家人、卫兵和观众在竞技场观看马车竞赛。

方尖碑　君士坦丁大帝下令把方尖碑从卡纳克转移到亚历山大港，随后又安置在君士坦丁堡内。方尖碑在亚历山大港静置多年，最后，尤利安皇帝下令建造特制的船只才最终运抵君士坦丁堡。

走向分裂

　　395年，狄奥多西一世10岁的幼子弗拉维乌斯·霍诺里乌斯（384年至423年在位）在父亲去世后被任命为西罗马帝国的皇帝；长子弗拉维乌斯·阿卡迪乌斯（377年至408年在位）成为东罗马帝国皇帝，直到去世。可惜手足之情没能阻止罗马帝国的分裂。

❖ 拜占庭硬币的正、反面分别刻有阿卡迪乌斯和霍诺里乌斯的形象。

查士丁尼一世

查士丁尼一世（483-565）出生在伊利里亚的一个小村庄，其叔父皇帝查士丁（Justino）为他提供了良好的法学和哲学教育，因过人的军事和管理才能被查士丁指任为皇位的接班人。527年至565年，查士丁尼一世在位期间恢复了对西罗马帝国的统治，因此，不得不面对汪达尔、东哥德、西哥德、萨珊和斯拉夫等国的挑战。尽管他为人冷酷，但丝毫不影响其丰功伟绩。他开疆拓土、编纂罗马法典，努力与基督教改善关系，他的政治思想体现了皇权神授的观点。◆

查士丁尼一世向圣母玛利亚展示圣索菲亚大教堂（圣索菲亚大教堂马赛克镶嵌画，6世纪）

基督教的推动者

无论是"法典"还是"新律"，查士丁尼一世对众多事项均设定了标准，诸如：捐赠和教会的财产管理，主教、牧师、修道院院长的选举和权力、修道士的生活、教士的住宿、仪式及主教管辖权等。查士丁尼一世还在原址上重建了被毁的圣索菲亚大教堂。新建的圣索菲亚大教堂凭借其圣像殿、祭坛、金色大拱顶和精美的马赛克镶嵌画，成为全君士坦丁堡最核心、最引人瞩目的东正教建筑。

贝利萨留将军不幸负伤，A·L·迪克
（A．L．Dick）的画作局部

贝利萨留的战役

弗莱维厄斯·贝利萨留（Flavio Belisario，505—565）是拜占庭历史上最著名的将领，为查士丁尼王朝向地中海西部的军事扩张立下了汗马功劳。此外，罗马帝国的版图分崩离析近一个世纪后，经过他的努力，又收回了绝大部分地区。他担任远征汪达尔王国的海陆指挥官后，于533年至534年消灭了该王国。

圣母玛利亚 尽管除了《路加福音》，其他《福音书》对这一人物鲜有提及，随着时间的推移，拜占庭和罗马对玛利亚的关注却有增无减，人们将圣母与美好的品德结合在了一起。

罗马法

《民法大全》(Corpus Iuris Civilis) 是查士丁尼一世（左图）授意于 529 年至 534 年编纂完成的，它是罗马法历史上最重要的一次汇编。

连接东、西方的贸易

查士丁尼一世统治期间，拜占庭成为东、西方贸易的中心。（左图反映的是国王接待中国僧侣代表团的场景，僧侣们正在向其展示来自遥远东方帝国的物品）

君士坦丁堡大兴土木，帝国其他城市的精美雕像和纪念碑等被运到此地进行装饰。它的中心广场上竖立着一根巨大的石柱，柱顶伫立着太阳神阿波罗（Apolo）的雕像，雕像的头部则是君士坦丁大帝本人。

城中有一个塞普蒂米乌斯·塞维鲁（Septimio Severo）在位时期修建的赛马场，可同时容纳 5 万名观众，是举办公众节日和帝国大型胜利纪念日庆典的地方。

狄奥多拉皇后（Teodora, 501—548）出生于马戏团世家。她的生活曾居无定所，颠沛流离。在法律允许"元老和从事过舞台表演的女人结婚"后，得以与查士丁尼一世完婚。在成为皇后之后，她推动制定了多项保护妇女权益的法律，如，禁止重婚、惩治通奸、禁止强迫卖淫、女性拥有离婚自由、允许女性堕胎、判处强奸者死刑、建立妓女之家等。

查士丁尼一世与圣母玛利亚

政教合一

查士丁尼一世（左图）的政教合一反映了将国家与信仰即基督教相结合的治国理念。现在的研究表明了当时对非基督徒进行的严重迫害。犹太人的公民权受到限制、禁止在宗教仪式上使用希伯来语，同时还受到体罚和流亡的威胁。查士丁尼一世时期，撒玛利亚人和摩尼教人士联合发动了多次反抗和叛乱。

圣索菲亚大教堂

圣索菲亚大教堂位于君士坦丁堡（现今土耳其伊斯坦布尔），建于查士丁尼一世在位期间（532 年至 537 年），是达到艺术巅峰的拜占庭式建筑。建筑师是特拉勒斯的安提莫斯（Antemio）和米利都的伊西多尔（Isidoro）。1453 年，随着奥斯曼土耳其人攻陷君士坦丁堡，作为基督教教堂伫立了千年之后，圣索菲亚大教堂变成了清真寺。

❖ 位于伊斯坦布尔的旧时大教堂及现在的阿雅索菲亚清真寺全貌。

危机四伏

　　查士丁尼一世身后没有留下任何子嗣，他的侄子查士丁二世（Justino II）继位。面对伦巴第人入侵意大利，查士丁二世不得不放弃了意大利的大片领土。与此同时，斯拉夫人继续向巴尔干半岛迁徙；而库思老二世（Cosroes II）治下的萨珊王朝则占领了叙利亚和卡帕多西亚地区。7世纪至8世纪是一个危机四伏的时代，尽管拜占庭丧失了大片领土，国力却得到了增强。希拉克略被认为是拜占庭最伟大的皇帝之一，他在位的20年间，巩固了行政改革，提升了经济并重建了军事机构。◆

圣海伦娜和希拉克略皇帝在耶路撒冷大门前

在耶路撒冷大门前

　　希拉克略（575—641）自610年一直担任拜占庭皇帝，直到去世。630年，他的权力达到了顶峰。那一年，他兵临耶路撒冷，把真十字架安置在了圣墓教堂。然而，好景不长，先知穆罕默德（Mahoma）完成了对阿拉伯半岛游牧部落的统一。此后的几年间，阿拉伯人不断对拜占庭发起进攻。当穆斯林军队于634年入侵叙利亚和巴勒斯坦时，希拉克略因病已无法再战。在636年的叶尔穆克战役中，数量占优的拜占庭军队反而被阿拉伯人击败，叙利亚和巴勒斯坦就此沦陷。

萨珊王朝　希拉克略亲自领导了反对萨珊波斯的战争。因为他充分相信君士坦丁堡的防御能力，于622年扬帆出海，前往伊索，企图入侵萨珊王朝。同年，他在卡帕多西亚击败了萨珊波斯军。随后几年，他挥师东进，指挥了多场激烈的战役。（上图，7世纪萨珊圆盘上的狩猎图）

阿瓦尔人围城　趁希拉克略出征之际，阿瓦尔人于626年包围了君士坦丁堡。波斯人企图配合阿瓦尔人，从博斯普鲁斯海峡包围君士坦丁堡，却被拜占庭海军挫败。

皇室努力　希拉克略争取到了卡扎尔人和其他突厥部落的支持，并利用波斯内部的矛盾对其进行分化。627年，拜占庭军队在尼尼微击败了波斯军，但萨珊王朝拒绝和谈。

胜利凯旋　希拉克略兵临波斯首都泰西封，萨珊王朝宣布投降，自此一蹶不振，走向灭亡。628年9月14日，希拉克略凯旋而归，回到了君士坦丁堡。

让人垂涎三尺的城市

　　由于地处战略要冲，北欧及亚洲各民族均对君士坦丁堡垂涎三尺。因为这里是远东及欧洲与非洲商贸往来的节点。谁掌控了这座城市，谁就掌握了贸易往来的"金钥匙"。凭借强大的海军，拜占庭保住了海上运输补给线，最终成功解围。

◆ 萨珊波斯围困拜占庭的画面。

毁坏圣像运动

利奥三世（685－741）从717年担任拜占庭皇帝，直至去世。他成功地结束了动荡的局面，使帝国免受阿拉伯人持续的攻击。他把"毁坏圣像运动"上升为一项国策，在全国范围内破坏宗教画像或雕像。

❖利奥三世画像。

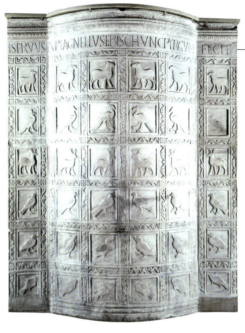

8世纪大理石刻的主教讲坛

反对圣像

722年，利奥三世下令强制国内所有犹太人接受基督教洗礼，同时决定与异教决一死战。726年至729年，利奥三世又发布了一系列法令反对圣像崇拜。这项禁令是为了与异教做斗争，并得到了贵族和部分神职人员的支持。但是，绝大多数神学家和几乎所有的修道士都坚决反对这一做法，因为圣像崇拜根深蒂固。

异教诺斯替教

利奥三世将圣像崇拜和异教联系了起来，加剧了东、西教会的对峙。因为拜占庭支持诺斯替主义思想，认为耶稣基督是由人性和神性两部分组成的，所以被罗马神职人员指责为异端。

❖ 阿索斯山修道院教堂的浮雕。

伦巴第人　日耳曼人不断蚕食罗马的边界，被查士丁尼一世收复的西部领土很快再次沦陷。拉文纳（下图，圣阿波利纳雷教堂）的失守标志着拜占庭在意大利北部统治的结束。虽然拜占庭凭借强大的舰队保住了对西西里的控制权，但是，意大利半岛的其他部分却落入了伦巴第人之手。

衰微

　　弗里吉亚王朝末代皇帝米海尔三世（Miguel Ⅲ，842年至867年在位）继位后，"毁坏圣像运动"也宣告结束，这使得拜占庭的国力得到了恢复。到马其顿王朝存续的9世纪至11世纪，国力逐渐达到顶峰。在经历了"马其顿复兴"的辉煌之后，11世纪下半叶，新的危机再度出现，帝国逐渐衰弱并开始四分五裂，但封建化程度日渐增强。拜占庭的弱点在塞尔柱人和西欧各基督教国家面前暴露无遗。◆

安娜·科穆宁娜（Ana Comnena）
拜占庭皇帝阿莱克修一世·科穆宁（Alejo I Comneno，1081年至1118年在位）和格鲁吉亚公主伊琳娜·杜卡伊娜是情侣，安娜·科穆宁娜公主就是二人爱情的结晶。（上图，象牙手镯）

拜占庭硬币的正、反面

不受欢迎的皇帝

　　802年至811年，尼基弗鲁斯一世（Nicéforo I）担任拜占庭皇帝。由于受到阿拔斯王朝和保加利亚人的威胁，为增加帝国的财政收入，他压缩了教会的财政特权。他强迫农民服兵役，而贫苦士兵服役的费用却由邻人承担。这一政策引发了大规模叛乱，影响到帝国政权的稳定。

10世纪的圣彼得像

圣彼得，教堂的创始人

　　根据《新约》（Nuevo Testamento）记载，犹太渔民西门，又名彼得（？－67），是来自加利利拿撒勒的耶稣十二门徒之一。斯特利多的哲罗姆（Jerónimo）宣称：彼得于42年到达罗马时遭受迫害并殉道。生前，他建立了一座教堂并担任第一任主教，直到去世。天主教会因此认为，他是罗马教廷的创始人。

"磐石" 原名西门（Shimon），由于他是第一个坚定承认耶稣是上帝和弥赛亚之子的人，因此被耶稣赐名"矶法"，翻译为彼得（Pedro）。保罗（Pablo）在著作中称他为"矶法"。"矶法"在亚兰文中意为"磐石"。

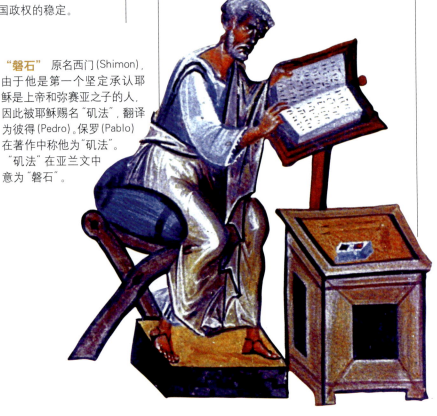

令人觊觎的"圣地"

　　中东地区不仅是三大一神教——犹太教、基督教和伊斯兰教的圣地，还是亚、非、欧商贸往来的必经之地。于是，中东地区理所当然成了所有信徒的圣地，而耶路撒冷就是"圣地"的中心。

◆ 在这张绘有中东地区的拜占庭地图上，可以看到约旦河及其在死海的入海口。

11世纪浮雕中的拜占庭赛马场中的马车

东方版的"面包和马戏"

领土丧失、经济和军事实力削弱引发了民众的强烈不满。许多农民不仅拒绝应召入伍，甚至干脆加入了侵略军。为了缓解这种不满情绪，拜占庭的皇帝们以西罗马帝国为师，采取了"面包和马戏"政策。当然，马戏表演比面包更能取悦大众，尤其是马车竞技。

护身符　"毁坏圣像运动"后，大量带有圣像图案的宗教用品卷土重来，成为人们宗教信仰的重要组成部分。人们认为宗教物品就是抵御疾病和驱赶厄运的护身符。（右图，拜占庭护身符）

❖ 十字军与穆斯林之战。

是外交还是叛国

拜占庭人视阿莱克修一世（Alejo Ⅰ）对待十字军的做法为外交典范，而第一次十字军东征的史学家将其视为叛国。十字军认为在安提阿围困期，阿莱克修一世非但没有施以援手，反而自顾自地宣布登基。

博希蒙德一世（Bohemundo Ⅰ）自称"安提阿王子"并向皇帝宣战，但却在1108年签订了《德沃尔条约》（Tratado de Devol），沦为附庸。

❖ 饱受争议的拜占庭皇帝——阿莱克修·科穆宁画像（1081–1181）。

陨落

科穆宁皇帝试图振兴帝国的努力以失败告终。1176年，土耳其人在密列奥塞法隆战役中击败了曼努埃尔一世（Manuel I），而东征的十字军也削弱了帝国的力量。所有人都对君士坦丁堡虎视眈眈，却对它的高墙、深壑无可奈何。然而，在火炮面前，曾经固若金汤的城墙也不禁颤抖。终于，在两个多月的围困后，君士坦丁堡于1453年5月29日落入奥斯曼土耳其人之手。◆

16世纪壁画：围困君士坦丁堡

终曲

从14世纪开始，奥斯曼帝国在欧洲大地上攻城略地，君士坦丁堡的陷落只是其中重要的一环。1354年，奥尔汗苏丹（Orhan，1326年至1360年在位）占领了加里波利半岛。其子穆拉德一世（Murad I，1362年至1389年在位）占领了东色雷斯、保加利亚和塞尔维亚的大部分地区。在"闪电"巴耶塞特一世（Bayaceto el Rayo，1389年至1402年在位）统治期间，奥斯曼帝国占领了马其顿、莫雷亚、波斯尼亚、瓦拉奇亚和摩尔多瓦。

大马士革的萨拉丁像

伟大的萨拉丁

萨拉丁·阿尤布·本（Al－Nasir Salah ad－Din Yusuf ibn Ayyub，1138－1193），又被称为萨拉丁（Saladino），伊斯兰世界伟大的统治者之一。他是以逊尼派为代表的宗教正统派捍卫者；他在中东实现了政治和宗教上的统一；面对基督徒和阿拔斯王朝的挑战，他也毫不退缩。他从十字军手中夺取了耶路撒冷，此事直接引发了由英格兰理查一世（Ricardo I）率领的第三次十字军东征。

影响深远　君士坦丁堡的陷落是历史性事件，史学家认为它不仅标志着中世纪的结束，也意味着拜占庭帝国最后的遗存和古希腊文化的消亡。

征服者**穆罕默德二世**（上图）穆拉特二世（Murat II）第三子，1451年至1481年任奥斯曼帝国苏丹。1453年占领君士坦丁堡，消灭了东罗马帝国，如愿以偿。穆罕默德二世杰出的军事能力改变了地中海地区的政治版图。

罗马皇帝　由于拜占庭是罗马帝国的延续，所以，在占领君士坦丁堡后，穆罕默德二世沿用了"罗马皇帝"的称号。虽然他还想染指贝尔格莱德，但最终以失败告终。

君士坦丁十一世铜像

君士坦丁十一世

　　君士坦丁十一世·巴列奥略（Constantino XI Paleólogo，1405—1453）是拜占庭帝国的最后一位皇帝。苏丹穆罕默德二世（Mehmed II）承诺，只要他开城投降，就饶他不死，但是，君士坦丁十一世选择死战到底。激战中，他摔倒在地，被人砍掉了头颅。随后，他的首级被插在长矛上，放在城头示众。有些东正教信徒视他为圣人，但未得到教会正式承认。

继任者　1261年，米哈伊尔八世·巴列奥略（Miguel VIII Paleólogo）重新占领君士坦丁堡，推翻了最后一位拉丁皇帝鲍德温二世（Balduino II），拉丁帝国彻底沦陷。此后的一个世纪，其继承人继续使用"君士坦丁堡皇帝"的头衔。

拉丁帝国

　　1204年，十字军第四次东征，在攻陷了拜占庭后，对其进行了洗劫。随后，十字军以君士坦丁堡为中心建立了拉丁帝国，又称罗马尼亚。他们宣称自己是拜占庭帝国的继承者，佛兰德伯爵鲍德温九世（Balduino IX）任开国皇帝。

❖ 银质浮雕：圣母玛利亚和幼年耶稣。

社会和日常生活

社会和日常生活

国家权力

虽然对拜占庭的批评不绝于耳，但它却是世界史上存续时间最长的国家之一，并且它对文化的贡献不可小觑。它之所以能够延续千年，得益于一系列的积极因素。不能说它是罗马帝国长期衰落的结果，因为没有任何衰落可以延续千年。但是，人们为何对它充满了误解？要想回答这个问题，必须从国家根本职能出发，理解赋予国家个性的思想政治基础。尽管这些基础并未被严格践行。

国家的作用

从罗马继承的帝国思想认为：国家有责任保证其臣民的安全并为其提供其他国家没有的福祉。福利国家的核心是文明使命和社会福利。这一观念源于古希腊，一直发展到希腊罗马时期。随着基督教的融入，这一观念得到进一步发展：国家是传递上帝旨意的保证人，它会让人们相信其与上帝同在。这起源于犹太教传统和"上帝选民"的概念，赋予国家和主权至高无上的地位。当然，这个基督教帝国并不只包括犹太人，还包括所有居住在这里的人。既然容纳了所有人，也就意味着要接受不同的理想、宗教、语言与文化。

皇帝

皇帝的概念并非只作为一个简单的君主，他的职责不仅包括维护希腊罗马帝国的安全、有序的管理和为人民带来福祉，他还是人们宗教信仰的守护者。自加冕之日起，他就不再是一个普通人。他作为神在人间的代言人，肩负着拯救臣民的使命。皇帝拥有政治和宗教的双重责任和权力，维护正统的宗教信仰已成为国家使命。自7世纪起，国家已带有明显的神权政治特征。

不过，基督教的普世主义与旧罗马大相径庭。罗马主教抛出了国家权力应服从教会的理论，教皇才是基督教的领袖。双方立场的分歧最终导致了1054年的决裂。1204年，君士坦丁堡在第四次十字军东征期间被征服，让这场教会纷争进一步变成了文明的决裂。

❖ **孩子**　男孩会被送到由教会控制的公立学校学习，女孩则留在家中。（左图，拜占庭安纳托利亚保存的男孩雕像）

❖ **圣餐**　这幅拜占庭时期的马赛克镶嵌画表现的是耶稣所行的第一件神迹：在迦拿的婚礼上变水为酒。

集权与神性

　　君士坦丁堡的人们全盘继承了罗马人和犹太人的传统，都城的特殊地位又大大增强了自身的集权与神性属性。君士坦丁大帝在迁都之初就竭力树立圣城的形象，他从全国搜罗各种基督教圣物，甚至是真的十字架。后来，人们逐渐相信圣母会保佑此城坚不可摧。总之，它从旧罗马帝国继承了国家集权制，并在"新耶路撒冷"

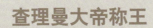

查理曼大帝称王

◆◆◆

　　查理曼大帝（Carlomagno）在800年的加冕使拜占庭的普世价值观受到了严重的破坏。据官方记载，查理曼大帝称王是教皇利奥三世的"恩惠"。无论如何，从800年起，他放弃了"罗马皇帝"的头衔，换用"罗马人的皇帝"的称号，为的就是让他人认同自己对西部帝国的统治。拜占庭帝国对此无能为力，只能借助外交手段与之周旋。最后，仍不得不接受这一既定事实。

的光环下进一步加强。经过几个世纪的发展，君士坦丁堡的集权地位更加稳固，成为维护帝国统一、行使国家权力的中心。

国家与教会

　　几个世纪以来，国家与教会之间建立了一种相互依存的关系。教众作为公民，受皇帝的统治；皇帝作为基督徒，也受教宗的支配。皇帝可以干预教宗的选举，反过来，皇帝又需要教宗为自己加冕，二者关系一览无余。虽然，随着时间的推移，这两种力量会逐渐失衡，

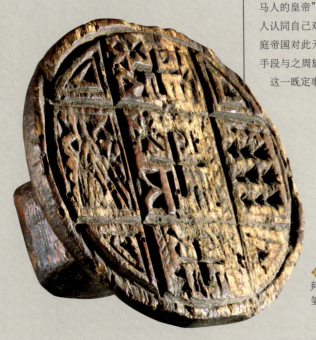

　◆ **国玺**　无论是世俗文件还是宗教文件，拜占庭帝国的所有正式文件都必须盖上国玺（左图），才能生效。

❖ **日常用品**　在拉佩索斯出土的四把拜占庭汤匙（左图），每把勺子上都刻有动物图案。

甚至发生对抗，但受局势和基督教国家观念的影响，双方在总体上还保持着共存与合作的关系。

国家机构

拜占庭借助从旧罗马帝国继承的一系列制度维持国家的正常运转，实现对帝国的统治。

无论是国家的中心——首都还是遥远的行省，国家行政部门均由训练有素的公务员主持运转。尽管几个世纪以来出现了一些细微的调整——新职位的产生和旧权力的变化，但是，整个帝国依旧参照古罗马帝国的政治结构，整个体系呈金字塔形。帝国秘书处位于金字塔的顶端，由执事长官领导。首都事务由市长负责，由元老院辅佐。渐渐地，元老院的原有职能消失了，最终演变为市政议会。而经济事务则由一个特殊的机构大司库官负责，由军区司库和尚书领导。例如，邮政服务由主客尚书负责。

皇帝对各行省的长官和高官作出任命，他们的职责也随时代的发展发生了重大改变。帝国的行政管理是建立在行政大区（军区）划分基础上的，各大区由总督管理。从这个名称可以看出官职最初就具有政治和军事的双重性。

法官代表皇帝主持正义。其中，最高法官和立法者享有较高的权力。尽管可以上诉至大区法院，但由皇帝亲自主持的帝国法院才是最高法院。在皇帝缺

《君士坦丁献土》

❖❖❖

从 9 世纪上半叶（另一种说法是 8 世纪）开始，罗马主教以《君士坦丁献土》为法律外衣，将教会的权力凌驾于世俗社会之上。这是一道伪造的敕令，它声称君士坦丁大帝建都的时候，令西尔维斯特一世教皇（Silvestre I）管理西罗马帝国，围绕这道《敕令》的争论持续了整个中世纪。1440 年，人文主义者洛伦佐·瓦拉（Lorenzo Valla）通过语言学分析证明，它不可能写于君士坦丁时期，这不过是罗马教廷精心设计的骗局。

❖ **约翰七世·巴列奥略**（Juan VII Paleólogo，下图）曾多次登上拜占庭的王座，但又多次被赶下台。1402 年，他趁土耳其在安哥拉被帖木儿（Tamerlán）打败，得以苟延残喘，偏安一隅。

席的时候，由主教等人代行权力。经过几任皇帝的汇编，不仅使法律和教会的条文得以保存，还让罗马立法经验发生了与时俱进的变化。

❖ **埃及方尖碑**被放置在君士坦丁堡的
赛马场，那里汇聚了人们对马车竞技和
政治的热爱。

国家安全依赖于驻扎在各大军区的
帝国军队，由将军统领。上至将军或地
方大员，下至低级指挥官，无不接受国
家的直接任命，国家随时可以替换。海
军舰队由大区海军组建，由一名将军和
两名团长统领。

帝国国会对公共生活的方方面面
（生产、消费、商贸、劳工问题、帝国
财产、慈善机构、宗教机构等）进行管
理。因此，其经济带有"国有和统筹"
的性质。一切由经济大臣（度支尚
书）及其庞大的幕僚（收税员、检查
员等）体系监督与管理。

宗教也是国家的一项主要职
能。在国家的保护下，君士坦丁大
帝承认了"国家教会"的合法性。
因此，虽然皇帝已不再是罗马的
大祭司，但依然可以对以下活动
进行监督：召开宗教理事会并将
决议以法令的形式确定下来；
决定宗教运行问题；干预教宗
和主教选举；创建新教区；将
现有教区提升为都主教区或
大主教教区；建立修道院
等。教会拥有自己的规
则和等级制度。历任皇

帝赋予教会特殊税收的权利。在帝国的
控制下，教会组织间接遵循了国家行
政模式：主教区、大主教区、都主教
区、教区。

在教育方面，年轻人通过私人教
师或私立学校接受初等教育。为培养公
务人员，国家对高等教育机构进行管
控。随着雅典、亚历山大、加沙、贝鲁
特、安提阿、该撒利亚和埃德萨这些
传统教育中心的消失，君士坦丁堡成
了整个帝国绝对的高等教育中心。为
了培养行政与宗教事务人才，狄奥多
西二世在新首都建立了一所大学——
君士坦丁堡大学。在随后的几个
世纪里，希拉克略、巴尔达斯·
斯科莱鲁斯（Bardas Sklerós）、
"生于紫室者"君士坦丁七世和
米哈伊尔八世·巴列奥略先后采
取了多项措施发展这所大学。大
学同时教授文理七艺，这对于
像拜占庭这样复杂的世界是十
分必要的。

拜占庭的军事与外交

　　几个世纪以来，拜占庭军队都是地中海盆地最强大的军队。按照罗马军团的建制设立，并于3世纪至4世纪进行了改革，"重型骑兵"是其杰出的攻击性代表。拜占庭海军成就了帝国海上霸主的地位，这完全归功于迅捷、灵活的战舰"德龙猛"及自行研发的武器"希腊火"。随着威尼斯等意大利城邦海军的崛起，拜占庭海军在东地中海的主导地位于11世纪逐渐被取代。为了抵御外族入侵，拜占庭采用了旧罗马帝国的边防军政策并进行改良。他们拥有无可争辩的能力与价值，并被授予广阔的土地，以换取他们对这些地区的保障。这种制度没有采用世袭制，就是为了避免出现西欧各封建国家中的大军事区，可惜这只是一厢情愿。边防军的丰功伟绩为史诗的创作提供了素材。在12世纪创作的一系列作品中，最具代表性的莫过于《第格尼斯·阿克里塔斯》（Digenis Akritas）。除了拥有强大的军事力量，拜占庭娴熟的外交能力也不可小觑。这是拜占庭从旧罗马帝国继承和发展的一项重要遗产，也是它生存和力量的源泉。主客尚书不仅负责掌管邮政事务，还负责外交事务。当然，皇帝始终对外交政策拥有最终的决定权。如果没有特定的外交人选，国家就会将任务交给最有能力完成使命的人。接待外国使团必须遵守豪华的规制，为的就是彰显帝国的实力。

❖ **君士坦丁堡的陷落**　在第四次十字军东征期间，十字军攻占了君士坦丁堡。

国王

拜占庭帝国在最初的几个世纪保留了罗马头衔"奥古斯都"（augus-tus）。629年，希拉克略皇帝采用了希腊词语"basileus"（君主），而把"奥古斯都"留给了皇后。查理曼加冕后开始使用"罗马人的皇帝"这一称号，以示与旧罗马帝国的继承关系。10世纪，保加利亚沙皇称王之后，"国王"一词作为力量的象征被再度启用。◆

君士坦丁九世（Constantino IX）阴谋反对米海尔四世（Miguel IV），并与其遗孀佐伊（Zoe）结婚，这使他最终登上了王位。（上图，勋章上的君士坦丁九世肖像，1042年至1055年在位）

向巴西尔国王进献礼物和祭品

新君即位方式

新君即位通常是由元老院、军队及臣民的拥立决定的。元老院的重要性随着时间的推移而逐渐减弱。457年，在利奥一世的加冕典礼上，首次由君士坦丁堡牧首在圣索菲亚大教堂主持仪式。尽管牧首参与加冕典礼并非绝对必要，但在绝大多数登基仪式上都能见到他们的身影。

王朝更迭　拜占庭法律并未规定必须由君主后裔继承王位，因而采用了长子继承制或指定人们拥护的人选为王的双轨制。如果君主不受百姓爱戴，人们可以通过起义获得王位。因此，起义的结果被认为具有神圣意志。

《典仪论》　关于典礼性质和宫廷规定的典籍有很多，最著名的就是"生于紫室者"君士坦丁七世（913年至959年在位）的著作《典仪论》。

礼仪　为了维护皇帝形象，帝王参加的公共活动都有一系列的固定流程。皇帝出席任何公共活动，都必须配有相应的仪式，如加冕典礼、军队凯旋、宗教节日、婚礼、宗教集会、葬礼等。

部分拜占庭王朝

君士坦丁王朝
（306年至378年）
由君士坦丁大帝（306年至337年在位）建立。其中"叛教者尤利安"（361年至363年在位）最为突出，他曾试图恢复多神教。

狄奥多西王朝
（379年至457年）
狄奥多西一世（379年至395年在位）将基督教定为国教，他的继任者阿卡迪乌斯（395年至408年在位）是拜占庭帝国的第一位皇帝。

希拉克略王朝
（610年至717年）
希拉克略一世（610年至641年在位）对萨珊波斯发动了最后的战争。他死后，阿拉伯人和保加利亚人也被征服。

约翰二世·科穆宁 (Juan II Comneno, 1118 年至 1143 年在位)，阿莱克修一世之子，杰出的文学推动者和政治家。他增强了拜占庭在巴尔干半岛的国力。(上图，勋章上头戴皇冠的约翰二世)

曼努埃尔二世·巴列奥略

曼努埃尔二世·巴列奥略 (1391 年至 1425 年在位) 是帝国最后几十年的知识分子代表。在其著作《与波斯人的二十六次对话》 (Veintiséis diálogos con un persa) 中，他批评伊斯兰教，控诉他们通过暴力传播信仰。他说："信仰是灵魂，而不是身体的果实。因此，任何人要想让他人真心皈依，靠的是谆谆教导和循循善诱，而非使用暴力或威胁。"

❖ 大天使迈克尔 (Miguel) 与曼努埃尔二世·巴列奥略。

"马其顿人"巴西尔一世

巴西尔一世 (811–886) 出生于马其顿军区的一个亚美尼亚家庭。童年时，他被保加利亚王子克鲁姆 (Krum) 俘虏到保加利亚。813 年，他逃脱后，成了狄奥菲利齐斯 (Teofilitzes) 的马夫。狄奥菲利齐斯是凯撒·巴尔达斯 (César Bardas) 的亲戚，皇帝"酒鬼"米海尔三世的叔叔。

跌宕起伏的生活

作为狄奥菲利齐斯的马夫，巴西尔成了贵妇达涅里斯 (Danielis) 的情人，他因此获得了巨额财富。在成为米海尔三世的护卫以后，他便开始飞黄腾达。为了增加自己对皇帝的影响力，他与皇帝的情妇欧多基娅·英格里娜 (Eudocia Ingerina) 结为夫妻。

权力

866 年，巴西尔说服米海尔三世暗杀了国家权臣巴尔达斯。几周后，他被任命为共治皇帝。此后，他腐败不断，设立假公济私的税收制度。867 年，他暗杀了米海尔三世，自立为皇帝。

特殊的王朝

巴西尔开创了帝国历史的新时代，史称"马其顿王朝"。他在位 19 年。886 年，因一场由狩猎事故而引发的高烧去世。

马其顿王朝
（867 年至 1057 年）

这期间，拜占庭的政治、经济和军事逐渐复苏。在"生于紫室者"君士坦丁七世 (913 年至 959 年在位) 统治时期，文化、学术得到了长足的发展。

科穆宁王朝
（1081 年至 1185 年）

经过阿莱克修一世 (1081 年至 1118 年在位)、约翰二世 (1118 年至 1143 年在位) 和曼努埃尔一世 (1143 年至 1180 年在位) 的努力，帝国的扩张达到了顶峰，文化、艺术也创造了辉煌。

巴列奥略王朝
（1261 年至 1453 年）

约翰七世·巴列奥略 (1259 年至 1282 年在位) 的统治曾令帝国为之一振。可惜，拜占庭还是进入了缓慢的衰退期，直至灭亡。

女皇

在拜占庭这样的父系社会和基督教社会中，帝国的王座被男性占据是非常正常的，但是有几位女性凭借超强的个人能力直接控制或占有了它。有些人通过婚姻即位；有些人利用皇室成员的身份扶新君即位；有些人会主动出击，利用婚姻立某人为帝，或者干脆密谋称帝。她们中有些人生活奢靡而铺张。◆

马赛克镶嵌画：伊琳娜女皇（Irene）

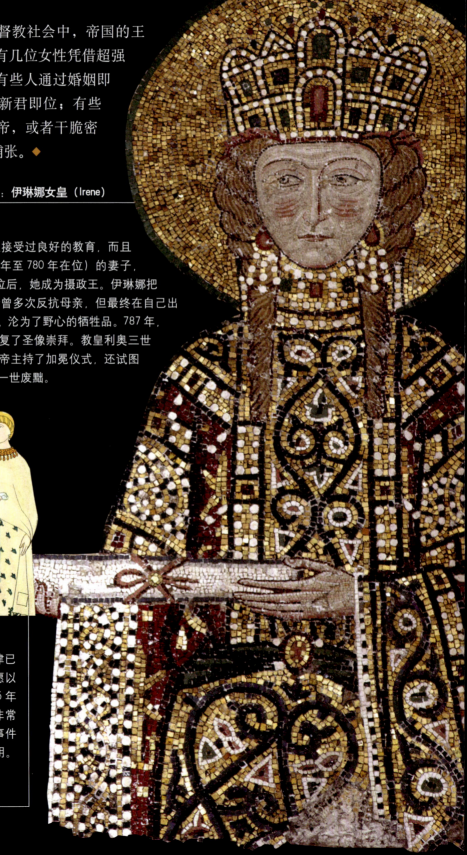

伊琳娜女皇（752—803）

她出生于雅典的一个显赫家庭，不仅接受过良好的教育，而且美貌出众。她是利奥四世（León IV，775年至780年在位）的妻子，在儿子君士坦丁六世（Constantino VI）继位后，她成为摄政王。伊琳娜把一名心腹女佣许配给儿子。君士坦丁六世曾多次反抗母亲，但最终在自己出生的皇家紫色寝宫被生母下令刺瞎了双眼，沦为了野心的牺牲品。787年，伊琳娜召开了第二次尼西亚大公会议，恢复了圣像崇拜。教皇利奥三世趁拜占庭王位空缺之机，不仅为查理曼大帝主持了加冕仪式，还试图撮合二人成婚。伊琳娜最终被尼基弗鲁斯一世废黜。

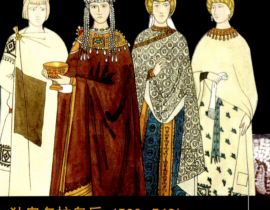

狄奥多拉皇后（500—548）

她出生于马戏世家。由于当时的法律已不再禁止元老与平民通婚，最终，她如愿以偿地嫁给了查士丁尼一世（527年至565年在位），27岁时成为皇后。她处理政务非常果决，并善用智慧。在面对尼加叛乱等事件的危急时刻，她出众的性格发挥了关键作用。为改善女性待遇，她对法律进行了修订。

◆ 马赛克镶嵌画：《狄奥多拉皇后与宫女》。

佐伊 (978—1050)

佐伊之所以出名,是因为她多次利用婚姻为帝国寻找男性君主,她被父亲君士坦丁八世(Constantino VIII)许配给罗曼努斯三世(Romano III Argiro, 1028 年至 1034 年在位)。不久,在丈夫遇刺尸骨未寒之际,她就与米海尔四世(1034 年至 1041 年在位)结婚。米海尔四世去世后,她又与"单独战斗者"君士坦丁九世结为连理。她终身没有子嗣。

❖ 佐伊皇后和耶稣基督。

狄奥多拉女皇 (981—1056) 是一位雄心勃勃且有魅力的女人,因此,被姐姐佐伊囚禁在修道院。君士坦丁九世去世后,60 岁的她离开了修道院并登上皇位(1055 年至 1056 年单独执政)。她不顾牧首米海尔一世·凯鲁拉里乌斯(Miguel I Cerulario)的反对,成了唯一的女皇,直接统治国家,终身未婚(上图,11 世纪徽章)。她的去世象征着马其顿王朝的结束。

安娜·科穆宁娜 安娜·科穆宁娜(1083—1153),东罗马帝国皇帝阿莱克修一世的女儿。虽然从未登上王位,但接受过良好教育的她根据父亲的一生写下了《阿莱克修传》(La Alexiada),并因此在拜占庭文学史上占有重要地位。她与帝国望族子弟尼基弗鲁斯·布林尼乌斯(Nicéforo Brienio)结婚。婚后,夫妇二人与皇后伊琳娜·杜卡斯(Irene Ducas)一道反对王位继承人——她的弟弟约翰,结果以失败告终。

6 世纪的大理石雕像:阿里亚德涅皇后(Ariadne)

阿里亚德涅皇后

阿里亚德涅(450—515)与多个皇帝有着联系。她是拜占庭帝国早期的一位重要皇帝——利奥一世(León I, 457 年至 474 年在位)的女儿。当西罗马帝国正式沦陷时,拜占庭帝国在利奥一世的统治下再度统一。因此,阿里亚德涅认为,自己是罗马和拜占庭的结合体。她曾先后与芝诺(Zenón, 474 年至 491 年在位)和阿纳斯塔修斯(Anastasio, 491 年至 518 年在位)成婚。利奥二世(León II)是她第一段婚姻所生的儿子,虽然登上了王位,却英年早逝。

求婚 802 年,查理曼大帝派大使前往拜占庭向伊琳娜女皇求婚,希望能借此促成帝国的统一,可惜计划失败。伊琳娜女皇后被军事政变推翻,尼基弗鲁斯一世登上了王位,伊琳娜被放逐莱斯博斯岛,一年后死去。

欧多基娅·英格里娜 为了加强对米海尔三世的影响力,巴西尔与皇帝的情人欧多基娅·英格里娜完婚,当时,米海尔三世虽然执政,但掌握军政大权的却是巴尔达斯将军。于是,巴西尔刺杀了欧多基娅的这位情人——巴尔达斯。除掉巴尔达斯后,米海尔三世宣布巴西尔成为共治皇帝,巴西尔最后独掌皇位。

❖ 《拜占庭史》中的插图:巴西尔一世与欧多基娅·英格里娜。

宫廷

　　皇帝不仅是权力的中心，还与巨大的利益和变换的盟友交织、裹挟在一起。宫廷本身就是一个共鸣箱，很容易导致严重的危机。一般而言，这些危机通过密谋、有计划犯罪或战争很快就能得到解决。高级神职人员、军队高官、大商人和大地主是组成宫廷的主要成员。借助无休止的"拜占庭式讨论"，人们试图解决政治、大宗贸易、战争和神学问题。◆

信仰的捍卫者——查士丁尼一世　从 527 年直到去世，他一直担任罗马帝国皇帝。他在政治改革、法律汇编,西方军事扩张等方面卓有建树。他是基督教坚定的捍卫者,一生都在寻求东、西方教会的和解。

查士丁尼和狄奥多拉

　　拉文纳圣维塔教堂是拜占庭艺术的杰出代表，由希腊裔银行家朱利安努斯·阿金塔里乌斯（Juliano Argentario）出资修建。为了让新征服的西部领土尽快地融入拜占庭帝国，查士丁尼一世授意在原址上修建了该教堂。在教堂内的马赛克镶嵌画中可以看到查士丁尼一世及各位宫廷重臣。

❖ 拉文纳圣维塔教堂中的马赛克镶嵌画。

皇帝　查士丁尼一世手持祭品金盘，身后的光环突显了皇位的神性。那时的皇帝们相信君权神授。

马克西米安主教　547 年，主教负责主持了圣维塔教堂的宗教仪式。他能出现在马赛克镶嵌画里，正是他意愿的体现。此外，能够站在皇帝身边，也反映了他崇高的宗教地位。

基督字母标志　耶稣基督的标志由字母 P 和 X 组成,为君士坦丁所采用。一方面，作为他皈依基督教无可辩驳的证明，一方面也是帝国的象征。

贝利萨留（Belisario）　他是"收复罗马"的军事大师,皇帝的得力右手。尽管有人认为，是狄奥多拉皇后帮助他筹划了那些战役。

影响　画面上托嘎或丘尼卡长袍上的褶皱彰显了希腊文明的深远影响。尽管拉丁语是拜占庭的官方语言，但希腊语在帝国内部一直占据主导地位。

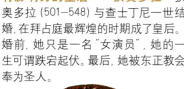

有影响力的皇后——狄奥多拉　狄奥多拉 (501–548) 与查士丁尼一世结婚,在拜占庭最辉煌的时期成了皇后。婚前,她只是一名"女演员",她的一生可谓跌宕起伏。最后,她被东正教会奉为圣人。

拜占庭式的讨论

"拜占庭式的"一词是由德意志历史学家赫罗尼姆斯·沃尔夫 (Hieronymus Wolf, 1516–1580) 提出,直到孟德斯鸠 (Montesquieu) 等作家引用了该术语才被人们所熟知。在罗马教廷视基督教潮流为异端的同时,君士坦丁堡却秉承宽松的态度,于是,宫廷中时常上演无休止的神学讨论,由此给"拜占庭式的"这个词带来了一丝贬义。这些讨论热切而深刻地剖析了该时期的基督教。

❖ 象牙雕刻: 拜占庭皇帝。

改变　有意思的是,马赛克镶嵌画画面的僵硬、刻板被一位拉开帷幕的侍从打破了。毫无疑问,这一日常生活中常见的场景,为画面严肃的气氛带来了一丝灵动。

平等　狄奥多拉皇后拥有与丈夫查士丁尼一世同样的光环,这意味着,上帝赐予了她皇后的权力。理论上,这可以让她免受宫内某些人的不轨图谋。

背景　与拜占庭艺术的总体风格相同,拉文纳圣维塔教堂的马赛克镶嵌画同样极端刻板。这幅画以少见的视角和金色的背景营造出一种超现实的氛围。

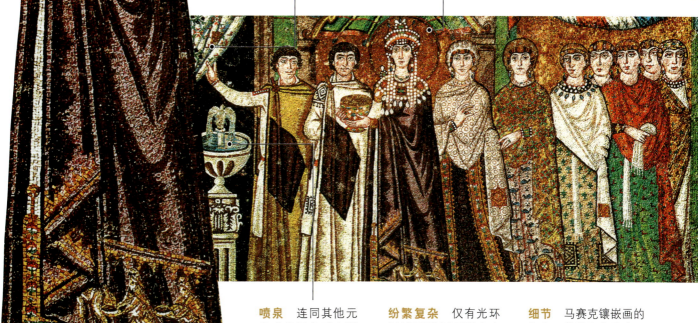

喷泉　连同其他元素暗示了宫廷生活的富丽堂皇,工匠们用马赛克镶嵌技术营造了一种戏剧性的舞台效果。

纷繁复杂　仅有光环衬托不足以表现狄奥多拉的威力,作为神权的世俗补充,大教堂还运用大量的珠宝和华丽的头饰装点这位皇后。

细节　马赛克镶嵌画的复杂工艺并没有影响拜占庭人对细节的追求,例如,对衣服皱褶、人物发型和女仆们的手镯等细节的描绘。

经济

　　与中世纪其他欧洲政权不同，尽管农业也是拜占庭的支柱产业，但其始终避免全面农村化。在首都和一系列中、小型城市中，长期活跃着许多商人、船主、水手、手工业者、工匠和奴隶。这些人连同与土地相关的大地主、监领主、小农、自由工匠和农庄农民共同组成了中央集权国家的生产力，他们缴纳的税收被用于维持宫廷、行政部门、军队等国家机器的运转。◆

拜占庭法典中的农民耕作图

经济活动

　　由于农业的蓬勃发展，拜占庭帝国的经济非常繁荣。贵族或神职人员的庄园里种有谷物、水果和蔬菜。纺织品集中由国家的丝织厂生产，织女数量庞大。在 6 世纪中叶前，帝国对丝绸的需求完全依赖与东方的贸易。后来，几位聂斯脱里派僧侣将桑蚕带回了君士坦丁堡。从此，拜占庭帝国开始自主生产丝绸。

橄榄油　橄榄油的生产对于食品和照明至关重要（上图，安纳托利亚阿弗罗狄西亚古城生产的拜占庭油灯。现存于今天的土耳其境内）。在巴勒斯坦尚属拜占庭帝国的时候，加利利因盛产橄榄树而成为橄榄油的主要供应者。至于其他贵重物资，拜占庭帝国不得不依赖进口。

丝绸之路

　　丝绸之路将地中海与远东联系在一起。它的名字源于这条商路上最畅销的商品——中国人专营的丝绸。渐渐地，罗马人成为最主要的消费者。随后，他们开始组织起自己的丝绸贸易活动。

贸易运输　拜占庭是联结东方和地中海的媒介。7 世纪，阿拉伯人占领了南部诸省，但君士坦丁堡始终控制着联通欧亚的博斯普鲁斯海峡，这是联结地中海（向西进入西欧）和黑海（承接北欧和俄罗斯）的咽喉要道。

◇ 为生产丝绸养蚕。

货币　货币坚挺是拜占庭经济稳健的关键因素之一。君士坦丁大帝推行的是 4.48 克的索利都斯或诺米斯玛金币，其币值历经数百年保持不变，其他低值货币（银币或铜币）直到 8 世纪依然坚挺。11 世纪初，人们开始系统性地对货币进行掺假，此举导致拜占庭的货币在海外失去了价值与信誉。

拜占庭帝国的度量衡

度量衡体系

　　古代社会的发展和贸易的兴起，需要用稳定的标准衡量交换物的重量和体积。度量衡体系必须是恒定的，且易于复制、价格低廉。因此，铜、青铜和黄铜被人们用来制造天平和砝码。拜占庭帝国放弃了古罗马的度量衡体系，转而采用了与中国相似的方式。由此，在与远东进行贸易的过程中享有很高的声誉。

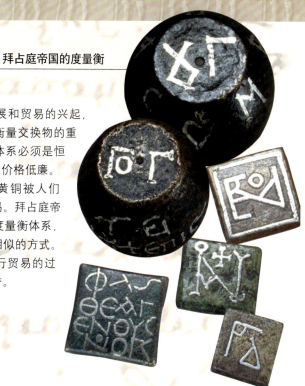

丝绸与布匹　在诸多成品中，唯有丝绸和紫色布匹属于国家垄断产品。纺织、陶瓷、冶金、餐具（铜、黄铜或银）和金器的生产则在一系列的保护措施下进行。此外，还有建筑材料、木器加工、奢侈品（象牙、珠宝、宗教用品）、毛皮或制蜡等重要物资的生产。

大庄园　几个世纪以来，皇帝为了阻止大庄园的形成，推行了对小农有利的政策，目的就是避免出现导致帝国西部瓦解的封建化进程。但从 11 世纪初开始，强大的农业和军事贵族统治了国家，削弱了帝国的经济和军事实力。

陶瓷　瓷器是拜占庭经济支柱之一，在许多城市都设有作坊。瓷器主要用于日常生活用具、建筑瓷砖或装饰标志使用。

赛马场

君士坦丁堡赛马场是帝国最具代表性的建筑之一，它在国内的吸引力甚至超过了皇宫和圣索菲亚大教堂。它不仅被用于赛马，还举行舞台表演、舞蹈、杂技、阅兵、宗教游行、政治集会、行刑等各种活动。如果皇帝被人民拥戴，就会赢得人民的赞扬，国人可以在这里表示对君主的热情；但如果对皇帝不满，就会爆发像532年反对查士丁尼那样的起义。◆

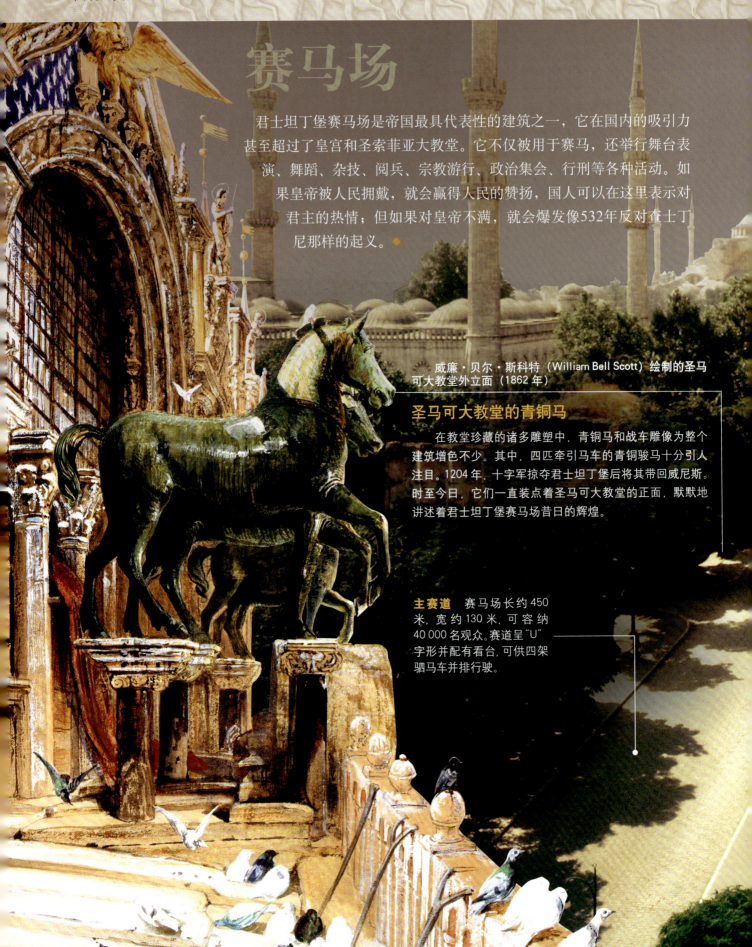

威廉·贝尔·斯科特（William Bell Scott）绘制的圣马可大教堂外立面（1862 年）

圣马可大教堂的青铜马

在教堂珍藏的诸多雕塑中，青铜马和战车雕像为整个建筑增色不少。其中，四匹牵引马车的青铜骏马十分引人注目。1204 年，十字军掠夺君士坦丁堡后将其带回威尼斯。时至今日，它们一直装点着圣马可大教堂的正面，默默地讲述着君士坦丁堡赛马场昔日的辉煌。

主赛道 赛马场长约 450 米，宽约 130 米，可容纳 40 000 名观众。赛道呈"U"字形并配有看台，可供四架驷马车并排行驶。

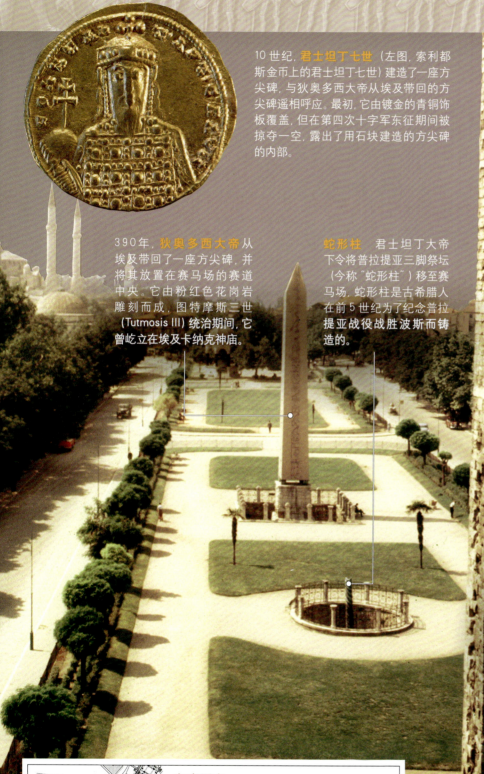

10 世纪，**君士坦丁七世**（左图，索利都斯金币上的君士坦丁七世）建造了一座方尖碑，与狄奥多西大帝从埃及带回的方尖碑遥相呼应。最初，它由镀金的青铜饰板覆盖，但在第四次十字军东征期间被掠夺一空，露出了用石块建造的方尖碑的内部。

390年，**狄奥多西大帝**从埃及带回了一座方尖碑，并将其放置在赛马场的赛道中央。它由粉红色花岗岩雕刻而成，图特摩斯三世（Tutmosis III）统治期间，它曾屹立在埃及卡纳克神庙。

蛇形柱　君士坦丁大帝下令将普拉提亚三脚祭坛（今称"蛇形柱"）移至赛马场，蛇形柱是古希腊人在前 5 世纪为了纪念普拉提亚战役战胜波斯而铸造的。

出发的信号　皇帝在看台上抛出手帕，宣布开始比赛。每天这里会举行 8 场比赛，每场比赛，选手需要驾车跑满 7 圈儿。在每个回合中，有 7 枚驼鸟蛋被放置在显眼的位置。马车每跑完一圈儿，就拿掉 1 枚鸟蛋，比赛的获胜者将获得桂冠或棕榈叶。1204 年，君士坦丁堡在第四次十字军东征期间惨遭洗劫。从此，这里再也没有举行过赛马竞技。

热情的观众　比赛期间，观众也会分成不同的阵营。最初有 4 支队伍参加比赛 蓝党、绿党、红党和白党。随着时间的推移，红党和白党逐渐式微而被蓝党、绿党所吸收。有时，政治或宗教争端也会加剧蓝绿两党的巨大纷争，严重时，甚至会引发骚乱。

皇帝看台

　　皇帝看台位于赛道的最东边。皇帝看台旁边设有通道，可直抵大皇宫。这个通道只有皇帝和皇室其他成员可以使用。在狄奥多西方尖碑的底部，皇帝会在看台中央给赛马的获胜者送上月桂花冠。

 标有皇帝看台位置的赛马场平面图。

贸易

贸易和制造业生产受到帝国的保护与控制。帝国对进出口、产品质量、销售价格实行垄断管理。资本的供应和贸易的正常运转是帝国的头等大事，在此背景下，所有经济活动均由市长管辖。帝国对农产品实行垄断，足够多的商人、店长和摊贩保证了食品的低价供应，从而有效地避免了都城内部贫民发生骚乱和起义。◆

10 世纪的**皇帝**不得不容忍高级神职人员对农村的过度兼并，但此类兼并损害了小型手工业和自治农业社区的发展。

行会除了对会员提供保护，还协助国家对行业进行管控。行会是个封闭的组织，遵照严格的规则控制成员的商品类型、商品质量和会员数量等方方面面的内容。此外，行会还负责规范工资、工作关系和学徒等事务。

政府对行会的内部事务进行规范和控制，君士坦丁堡市长代表国家对行会的组织、活动、特许经销权、价格、利润和出口进行监督。

拜占庭帝国不存在自由贸易和自由生产，君士坦丁堡市长有权亲自或通过代表干预行会内部事务。

农民是贫民的主要来源，他们会以个人自由与独立为代价，向富人寻求财政、军事和政治方面的援助。

地主拥有众多仆从，只需稍加组织和武装即可逼迫政府为自己提供福利，甚至谋反。

君士坦丁堡市场复原图

君士坦丁堡市长

　　君士坦丁堡市长居于行政序列较高职位，职权与大区总督类似，主要是行政与司法权，并借助专门的管理机构维护城市的安全与稳定。市长对商人和匠人行会拥有管辖权，同时还拥有监督人民纳税的权力。

海上贸易是拜占庭帝国的重大关注点之一。面对散兵游勇或有组织的海盗，需要一支强大的舰队作为保障。

马其顿皇帝为保护基层农业和军事财产推行的**措施**简单而统一：禁止权贵购买公共财产，以及从贫困的军人或农民手中获取土地。

衰落　几个世纪以来，商人将帝国的商贸活动牢牢掌握在自己手中。然而，从10世纪至11世纪，沉重的税负和严格的国家控制让拜占庭的商人们不堪重负。渐渐地，他们辗转投奔国外。11世纪，拜占庭皇帝将财政特权授予各意大利海上共和国，此举成了拜占庭贸易活动一落千丈的关键因素，威尼斯和热那亚的商贸活动随之蓬勃兴起。

神话与信仰

神话与信仰

东方教会

教会诞生之初，欧洲东部的希腊文化及其西部拉丁文化的二元性制约了基督教神学思想与宗教活动。以组织和纪律为特征的拉丁实用主义与崇尚反思和复杂思想的希腊化趋势形成了鲜明的对比。东部的人很快就通过宗教表达了对希腊、罗马世界的不满，尽管帝国有意保留臣民在精神和文化上的同质性。对于一贯信奉基督教的人们而言，三位一体论是不可逾越的障碍，构成了东、西方渐行渐远的底部力量。虽然用罗马帝国的方式阐述了基督教正统教义，但他们从未信服这些所谓的"异端"。相反，没过多久，这些基督教徒轻易地采纳了伊斯兰教假说。

最初的组织

按照戴克里先和君士坦丁大帝时期的国家行政模式，教会首先被划分为教会省（主教区），再组成更大的教区（总教区和大都会区），最后形成五大教区（宗主教区）。即所谓的五星体系（五股势力），其中就包括位于西方拉丁世界的罗马教区，其主教宣称是基督教圣彼得的继任者；第一次尼西亚公会议（325年）之后，又确立了位于非洲的亚历山大里亚教区和位于亚洲的安提阿教区；经过君士坦丁堡公会议（431年）和迦克墩公会议（451年），帝国的新首都君士坦丁堡教区获得了与罗马教区同等重要的地位；451年，耶路撒冷教区凭借"教会之母"的身份从安提阿教区分离出来，晋升为五大教区之一。罗马教区巩固了其在西方拉丁世界无可争议的精神和教会领袖地位。其余四个教区则进入了希腊影响地区，后来，按照首都制定的指导方针统一了礼拜活动。东罗马帝国政治管辖范围之外的基督教徒（亚美尼亚人、波斯人、科普特人）建立了独特的礼拜传统和教会结构。

随着古代世界的衰落，宗教最终成为国家意识形态的工具。这也意味着，对公民权利与教会权力关系的重新思考。在西方，由于政治上的支离破碎，教会逐渐侵占了部分国家权力；而在保留了旧罗马帝国传统的东部，皇帝才是国家和教会的代表，皇帝是上帝在凡间的代言人。

修道主义的出现

为了践行上帝的律法，为了抗衡灵魂与肉体的诱惑，在东方基督教中，修道主义得到了重大发展，并经历了以下几个阶段：首先，"隐修运动"的代表人物圣安东尼（San Antonio，251—356）带领人们进入沙漠进行修道；随后，圣帕科缪（San Pacomio，逝于348年）根据服从原则，在修道团体内组织苦修者修行；最后，经过该撒利亚的巴西流（330—379）的改革确立了修士修道的规范，使礼拜与慈善活动更加多样化。

❖ **俄罗斯教会** 东方教会逐渐演变成多种教会。其中，俄罗斯教会是信众最多的一个。（左图，哈萨克斯坦圣母）

❖ **十字军东征**　收复圣地的宗教远征军事行动撼动了拜占庭的霸权地位。（上图，驶向圣地的战舰）

❖ 十字军试图将东方教会置于罗马教会的监控之下。下图，教皇乌尔班二世（Urbano Ⅱ）下令收复圣地。

与罗马的分歧

尽管君士坦丁堡继续控制着罗马，教会的团结也得到了保证，但在神学、礼仪或行政方面却暗流涌动。旧都的教皇们眼睁睁地看着君士坦丁堡牧首宣布成为普世牧首，升级至普世基督教会（6世纪）的首位。随着对西罗马帝国控制的减弱，教皇得到了解放，他们逐渐加强了自己在国家权力中至高无上的地位和保证教条统一的作用。从此以后，新旧罗马间的猜忌变得日益公开化，加速了东、西方基督教的分裂。

向斯拉夫人传递福音

❖❖❖

9世纪中叶，斯拉夫国家的形态逐渐得到巩固。随着民族和文化的融合，斯拉夫人开启了漫长的民族发展过程。他们认识到君主意志需要与宗教统一的重要性，于是，以东、西方基督教为范本，同时不忘保持政治的独立性和人民的文化认同。由于罗马拒绝以斯拉夫语传递福音，斯拉夫人转而寄希望于君士坦丁堡。拜占庭人从中嗅到了间接实施文化殖民的可能性。862年，应罗斯蒂斯拉夫大公（Rostislav）的要求，拜占庭传教士——来自塞萨洛尼基的兄弟西里尔（Cirilo，原名：君士坦丁）和美多迪乌（Metodio）奉命前往摩拉维亚传福音。他们在翻译《圣经》和拜占庭礼拜文书过程中创造了新的文字，他们是斯拉夫文字体系构建的奠基人。不过，这也造成了君士坦丁堡与罗马的再度对立，罗马教会认为，神圣的经文只能用神圣的文字（希伯来文、希腊文和拉丁文）书写，随即抛出了"异端指控"。

LOUIS VI DIT LE GROS
de 1108 à 1137

❖ **攻占耶路撒冷**　在第一次十字军东征期间 (1096 年至 1099 年)，十字军以大屠杀的方式占领了这座圣城。左图，胖子路易 (Luis VI El Gordo)。

7世纪中叶，东方帝国完成了从上古到中世纪的过渡，也实现了教会对国家的认同，同时，与萨珊王朝的长期冲突结束了，他们是境外威胁最大的异教徒；斯拉夫人的入侵从根本上改变了巴尔干地区的民族构成，阿拉伯人从非洲和亚洲大部分地区夺取了大片领土。东方基督教世界被大大削弱，陷入了长期的生存危机。在将近两个世纪的时间里，东、西方基督教相互隔绝。西方基督教经历了一场在政治、意识形态和文化多重领域的重大变革。这不仅唤起了西方基督教光复西罗马帝国的信心，还对拜占庭的国家普世主义和宗教提出了质疑。

与此同时，人们在礼拜方式上的差异也愈发突出，这进一步加深了东、西方的差异。比如，被东方人视为异端的用无酵饼制成的圣餐；神职人员的独身生活；四旬斋星期六的禁食以及咏颂"哈利路亚"的方式等。更为重要的是关于圣灵起源的争议，即"和子说"。显然，这一争议术语是由西哥特王国首次提出的。东、西方教会在神学议题上主要就是圣灵的起源问题。对东正教徒而言，第二次尼西亚公会议通过的法案是唯一有效的文件，会议认定圣灵是由圣父而出。东方教徒拒不接受"和子说"和无酵饼，"和子说"无疑暗示着耶稣并非圣父亲生。《尼西亚信经》(Credo Niceno) 对这点并没有提及，因此，被东方基督教徒视为歪理邪说。对此，罗马教会起初也持相同观点。后来，查理曼及其继任者们将它写入了信经，并被罗马教会于1014年彻底接受。

关于"教权至上"的问题

❖❖❖

在对待信仰和纪律的问题上，拜占庭教皇并没有像最高法院那般的绝对性。东正教会将这种权力授予了公会议。历史上，基督教教会的其他主教都承认罗马主教的首要地位。这种"首要"是象征性的，并非代表控制权。实际上，东、西方基督教对"教权至上"一词的解释是不同的。在西方，它是使徒的意思；而在东方，主教认为自己是信众与上帝的中介。

❖ **圣城**　右图为耶路撒冷的平面图，图中的圣墓清晰可见。

❖ **骑士堡**（下图）位于叙利亚，属于城堡兼要塞，是十字军东征期间耶路撒冷圣约翰医院骑士团的大本营。

佛提乌分裂

东、西方教会在神学和礼仪上的分歧，罗马教会与君士坦丁堡教会关于"教权至上"问题的争执，都因向斯拉夫人传福音而日渐恶化。具体来说就是，君士坦丁堡教会对保加利亚传教严重打击了罗马的基督教普世主义。这时，拜占庭著名学者佛提乌（Focio）升任普世牧首（858年），这一不同寻常的升迁成为罗马教廷维护自身在基督教首席地位和保护人地位的借口。

事件发展如下：858年，皇太后狄奥多拉的兄弟巴尔达斯罢黜了君士坦丁堡普世牧首依纳爵（Ignacio），让佛提乌取而代之。这一撤一换仅用时5天，并不符合教规的要求。这一结果不仅遭到了依纳爵的反对，也受到了罗马教皇尼古拉一世（Nicolás I，858年至867年在任）的谴责。861年，佛提乌在君士坦丁堡召开会议，意图使自己的当选合法化。作为回应，罗马教皇也召集会议，革除了佛提乌的教籍并承认依纳爵的牧

首之位。与此同时，保加利亚沙皇鲍里斯（Boris）与罗马教皇尼古拉一世商定，将保加利亚教会纳入罗马教会的管辖之下。867年，佛提乌召集公会议谴责尼古拉一世。新皇帝巴西尔一世（867年至886年在位）登基后力图重建与罗马的联系，因而罢黜了佛提乌，恢复依纳爵的职位。870年，新任罗马主教阿德里安二世（Adriano II，867年至872年在任）召开公会议，正式恢复依纳爵的身份并对佛提乌做出绝罚。后来，巴西尔一世将拉丁人赶出保加利亚，将保加利亚教会纳入君士坦丁堡管辖。依纳爵死后，佛提乌复任牧首并在879年的公会议上得到了承认。此次公会议再度重申第二次尼西亚公会议提出拒绝"和子说"的决议。随后，教皇约翰再次召开公会议，不仅绝罚了佛提乌，还谴责了787年召开的第二次尼西亚公会议。

1054 年的大分裂

1054 年，西西里岛的诺曼骑士逼迫岛上的希腊人接受拉丁礼拜仪式。作为回应，君士坦丁堡牧首米海尔一世·凯鲁拉里乌斯（1043 年至 1059 年在任）强迫君士坦丁堡的拉丁教会接受希腊礼拜仪式。不久，面对凯鲁拉里乌斯迎合罗马的企图，罗马教宗利奥九世（León IX，1049 年至 1054 年在任）向君士坦丁堡派出了以枢机主教希瓦康第达的宏伯特（Humberto de Silva Candida）

为首的使团。但宏伯特不承认凯鲁拉里乌斯作为普世牧首的地位。这种咄咄逼人的态度引起了希腊裔高级神职人员的不满，并随之与其断绝了联系。1054 年7 月 16 日，星期六，罗马使团的三位成员堂而皇之地进入正在举行弥撒仪式的圣索菲亚大教堂，他们在圣坛上甩下了一纸教宗利奥九世驱逐君士坦丁堡牧首的敕书。谴责君士坦丁堡牧首的事项包括：买卖圣职权；使用宦官；不承认"和

子说"；不使用无酵饼；不允许经期妇女或怀孕妇女领圣餐；蓄须、蓄发等。随后，米海尔一世·凯鲁拉里乌斯公开拒绝承认敕书的内容，还将敕书的撰写者逐出了教会。亚历山大里亚、耶路撒冷和安提阿的牧首纷纷对凯鲁拉里乌斯的决定表示支持。后来，宏伯特的同伴斯蒂芬九世（Esteban IX，1057 年至1058 年在任）成为罗马教宗。从此，东、西方教会渐行渐远。

❖ **耶路撒冷的圣墓**是基督教最神圣的场所之一，人们相信耶稣基督在那里死去并再度复活。

东正教会

基督教正教建立的基本信条是"三位一体"，这一教义在第二次尼西亚公会议上得到了解释。具体说来就是，神在本质上是唯一的，基督具备人性和神性的双重本质与意志；强调圣灵是引导教会走向真理的向导，强调神职人员（主要指主教）及其机构（主要指理事会）具备指导和指引的神圣职责；圣经和神圣传统均由圣灵产生，以神学的观点来看，二者同等重要。东正教遵从七圣礼，即圣体（即圣餐）、圣浸礼（即洗礼）、圣膏（即坚振）、按立、告解、婚礼、膏油礼，其中以圣体（即圣餐）最为重要（即用面包和酒祝福）。◆

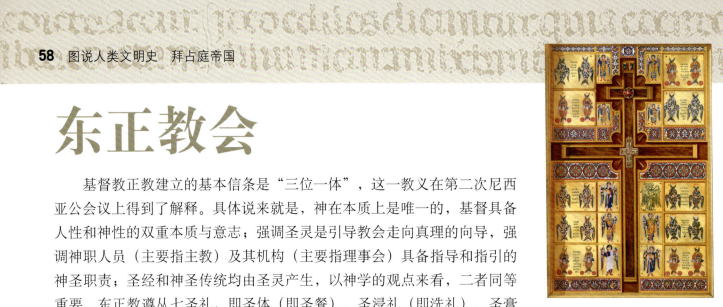

先驱 君士坦丁大帝是首位由君士坦丁堡大主教加冕的罗马皇帝。1754年本尼狄克十四世（Benedicto XIV，也称本笃十四世）任命他为教会圣师（教会博士）。（上图，13世纪拜占庭圣像盒）

画中描绘的是君士坦丁堡内的君士坦丁大帝骑马像

圣餐

东、西方实施七圣礼的区别仅仅是形式上的：举行浸礼时，东正教要求全身浸入三次；东正教使用发酵饼和葡萄酒供领取圣餐的人享用，再把余下的发酵饼分给其他人。而罗马天主教则使用无酵饼。四旬期时，东正教的"奥秘筵席"（即圣餐）只在周六和周日举行，周一到周五则进行日间祈祷，而圣餐活动已于上一个周日完成。东正教会并不像天主教会那样重视牧师传道。东正教牧师不仅以上帝的名义行事，更是为圣灵献身的人。他们祈祷上帝，而非祈祷人类完成神圣的转变。与天主教会不同，东正教会会举行庆祝弥撒的活动。

君士坦丁堡 330年，被称为"新罗马"的君士坦丁堡被君士坦丁大帝选定为都城所在地。这位皇帝对拜占庭的基督化进程起到了决定性的推动作用。临终前，他皈依了基督教，大大巩固了这一信仰的地位。

约翰二世·卡帕多西亚 尽管牧首约翰二世（518年至520年在任）对基督一性论表示认同，但他还是支持了查士丁尼一世（518年至527年在位）对罗马教会的态度。（右图，10世纪的象牙浮雕——福音：传教士圣约翰和圣保罗）

别具一格

《旧约》
拜占庭教会十分看重《旧约》。因此，有很多反映《摩西五经》场景的圣像画。（左图，《圣经》中的大洪水和挪亚方舟）

三位一体
对圣父、圣子、圣灵间关系的不同解释造就了不同的基督教流派。（左图，圣索菲亚大教堂内画像：三位一体的三人与耶稣受洗）

东方式的盛典
拜占庭宫廷渐渐接受了东方式的盛典，这一习惯也渗透到了教会礼拜活动中。（左图，拜占庭项链细节图）

圣像 一种以神圣形象为基础的宗教艺术。人们通过画像做礼拜，因而与礼拜传统密不可分。它的产生基于基督化身的教义：由于圣子既无形，也无法被描述，于是基督化身为人，自愿承担被大自然创造出所有特征以及被描述的事实。

君士坦丁大帝被东正教会奉为圣人。他虽非天神，但依旧接受人们的祭拜。这些圣像就像漆木上的祷词一样，在教堂的祝福中被神圣化了。（左图，圣索菲亚大教堂内的君士坦丁大帝马赛克镶嵌画）

11 世纪拜占庭手抄本中的耶稣祝福像

弥撒

举行弥撒有吟唱赞美诗的传统。因此，唱诗班的地位举足轻重。无论晚间祷告、睡前祷告、午夜祈祷、早祷，还是复活期（四旬期和五旬节）和圣徒的节日，都会歌唱种类繁多的赞美诗。根据气质、美感、需求的不同，每所教堂经过长期的发展演化出不同的念祷词、祷告的方式和流程。弥撒在祭坛举行，祭坛与教堂内部由圣障或帷幕隔开。

圣母玛利亚

东方基督教世界总是强调圣母玛利亚是上帝之母，但却拒不接受玛利亚论和无染原罪的观念。在东正教看来，圣母作为基督的母亲，是最接近救世主的人。因此，最适合为人类祈求赦罪。

◆ 7 世纪的拜占庭壁画：圣母玛利亚的日常生活。

修道院

修道院在9世纪的欧洲星罗棋布。这里产生了一种全新的宗教观念，那就是，不仅不排斥体力劳动，反而将劳动视为苦修的一部分。"用额头上的汗水赚面包"这句神谕成了许多活动的动力。在战火纷飞的中世纪，修道院成了经济发展的重要因素，甚至成了生产中心。在东正教会，修道院社区成了左右权力的因素。◆

微型城镇

为了保持僧侣的清修，修道院必须自给自足。其建筑结构明显划分了不同的基本活动空间: 祈祷区、工作区、休息区。

1 教堂
2 回廊
3 神父室
4 食堂
5 厨房
6 缮写室
7 图书馆
8 围墙
9 地窖

食堂

僧侣们在餐厅集体用餐，这个房间通常与回廊相连。

神父室

僧侣们集体讨论修道院内规则的重要场所。

宿舍

位于厨房的上方，以便利用炉灶的热量取暖。

圣巴西流 圣巴西流 (330–379) 是卡帕多西亚的修道院主义先驱。在拜访过叙利亚与阿拉伯的隐修士之后，他回到新该撒利亚。随后，按照自己制定的规范建立了多座修道院，修道士被称为"巴西利亚诺"。

圣本笃会规

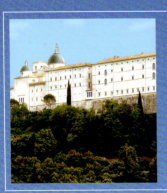

529 年，努西亚的圣本笃 (San Benito) 在意大利的卡西诺山建立了西方第一座基督教修道院，创立了本笃会。要求修士们严格遵守圣本笃制定的会规，在《修院圣规》的指引下生活，不可婚娶，不可有私财，一切服从长上，称此为"发三愿"，其座右铭强调"读经与生产""祈祷与劳动"。

◆ 卡西诺山上的修道院。

位于乌克兰基辅的圣潘塔莱翁大教堂和修道院

圣潘塔莱翁

　　基督教殉道者圣潘塔莱翁于 3 世纪末出生在尼科米底亚(今土耳其境内)。他研习哲学和修辞学,后致力于医学,曾为罗马皇帝加勒里乌斯·马克西米安 (Galerio Maximiano) 的御医。他曾一度背叛了基督教信仰,后在好友赫莫拉诺 (Hermolano) 的帮助下重拾信仰。303 年,他被戴克里先迫害致死。根据基督教传统,他死于一棵干枯的无花果树下,树木在沾到圣潘塔莱翁的鲜血后枝繁叶茂。

拉乌纳修道院

　　关于圣像的争议结束之后,10 世纪下半叶,阿索斯山上兴建了一系列的修道院。957 年 (另一种说法为 963 年),在皇帝尼基弗鲁斯二世·福卡斯 (Nicéforo Focás) 的保护和财政支持下,被祝福的阿塔纳修斯 (Atanasio) 开始修建拉乌纳修道院,终于结束了此地僧侣的混乱生活,让他们免受撒拉逊海盗的侵扰。这一建筑群成为半岛上修道院的典范,围墙环绕的中央教堂内建有小室和独立的公共设施:圣像殿、食堂、厨房、医院、旅舍、磨坊、蓄水箱、图书馆。阿塔纳修斯还撰写了阿索斯山修士的行为守则,并最终得到了帝国的认可。

第一次十字军东征

第一次十字军东征是由罗马教会在11世纪至13世纪组织的针对塞尔柱突厥人和撒拉森人的一系列军事运动。发动战争的理由是收复基督教福音的发祥地——圣地。其实，控制地中海与亚洲贸易的战略要地，才是东征的真正目的。因此，十字军代表的是封建贵族、罗马君主制帝国和东正教会日益扩张的利益。◆

布永的戈弗雷

　　戈弗雷公爵是第一次十字军东征的主要领导人之一。1096 年，他指挥一支由40 000人组成的军队离开洛林，包围了耶路撒冷，并第一个进入该城。随后，他又纵容部下对当地的穆斯林和犹太人大肆杀戮，并自封为"圣城之王"。

◆ 位于布鲁塞尔的戈弗雷公爵雕像。

教皇乌尔班二世的画像

教皇乌尔班二世

　　1088 年至 1099 年间，乌尔班二世任天主教教皇。上台时，他遭到了占据罗马的德国皇帝和对立教皇克莱门特三世 (Clemente III) 的反对，但在诺曼人罗杰一世 (Roger I) 的支持下，乌尔班二世最终进入了罗马。他发起了第一次十字军东征，但在耶路撒冷被收复前就去世了。

隐修士彼得

　　法国隐修士彼得 (1050—1115) 领导了"农民十字军"。他凭借自己的三寸不烂之舌，在他提出的"上帝想要它"的呼喊声中，各派势力争先恐后地去收复圣地。当这支东拼西凑的农民十字军被消灭时，他向贵族和教皇乌尔班二世寻求帮助。在成为第一次东征十字军的牧师后，他煽动对耶路撒冷的穆斯林和犹太人展开大屠杀。

◆ 隐修士彼得说服教皇发起十字军东征。

1098 年，占领安提阿的局部图

抵达君士坦丁堡

　　1096 年至 1097 年，约 30 000 或 35 000 人组成的十字军兵分四路抵达君士坦丁堡。由于缺乏补给，他们希望能从拜占庭皇帝阿莱克修一世那里得到帮助。但是，拜占庭皇帝很难做出决断，因为他曾经与这些人有过交战，所以对他们并不信任。于是，老谋深算的阿莱克修一世与十字军达成协议，十字军要宣誓效忠，并将从土耳其人那里收复的土地交给拜占庭，以此换取食物与补给。

拉丁国家　在向耶路撒冷进军的途中，十字军在征服的领土上建立了一系列拉丁国家：耶路撒冷王国、安条克公国、埃德萨伯国。随着医院骑士团和圣殿骑士团的到来，这些国家的政权得到了巩固。

影响　拉丁国家在地中海盆地东部的建立宣告了西方势力的存在，它们提高了罗马教皇的声望，促进了商业和文化的交流。对拜占庭帝国来说，不仅收复了安纳托利亚的多块领土，还削弱了来自塞尔柱突厥人的威胁。

第二次十字军东征

　　与第一次十字军东征不同，第二次十字军东征由教皇尤金三世（Eugenio Ⅲ）发动，并得到了包括法国路易七世（Luis Ⅶ）、圣神罗马帝国皇帝康拉德三世（Conrado Ⅲ）在内的多位欧洲国王，以及他们各自治下的贵族和领主的支持。这两位君主率军穿越欧洲，分兵前进。在到达博斯普鲁斯海峡时，他们遭到了拜占庭皇帝曼努埃尔一世的阻挠。他要求十字军像上一次东征时那样宣誓效忠，并交还收复的拜占庭帝国旧土。两支队伍同意后继续分头前进，但在安纳托利亚被塞尔柱突厥人逐个击破。◆

19 世纪雕版画：十字军的战前祈祷

第二次十字军东征受挫

　　路易七世和康拉德三世的部队到达了耶路撒冷，但他们的联军首次进攻大马士革时却一败涂地。此次失败直接造成穆斯林在 1187 年占领了耶路撒冷，这对十字军来说是巨大的失败，而对伊斯兰教来说却是伟大的胜利。基督徒们唯一的胜利发生在 1147 年，不过与圣地无关。英国的十字军沿水路抵达葡萄牙海岸，从穆斯林手中收复了里斯本。与此同时，东欧的基督教国家也发动了类似的战争，试图让波罗的海的异族部落改信基督教，这个过程持续了几个世纪之久。

骑士堡

　　骑士堡位于叙利亚，是十字军东征期间耶路撒冷圣约翰医院骑士团的总部所在地。医院骑士团是一个宗教和军事团体。

◆ 位于叙利亚的骑士堡一角。

献身、豁免与特权　基督教战士往往会在衣服和旗帜上用布缝一个十字架作为标志，因此被称为"十字军"。经过庄严宣誓，每个战士都会从教皇及其属下手中获得一枚十字架，由此变为教会的士兵。此外，他们还获得了短暂的特权：免于民事管辖权、人身和土地的不可侵犯权等。但对于贵族，这些特权是终身的。

第三次十字军东征

耶路撒冷陷落后，欧洲各国广泛响应教皇格里高利八世 (Gregorio VIII) 的号召，于 1189 年至 1192 年发动了第三次十字军东征。远征军在法国国王腓力二世(Felipe II)英格兰国王"狮心王"理查一世(Ricardo Corazón de León) 和神圣罗马帝国皇帝"红胡子"腓特烈一世 (Federico I Barbarroja) 的指挥下分头出发。十万大军过境，吓得拜占庭皇帝伊萨克一世 (Isaac I) 想要关闭通道。腓特烈一世用武力打开了前往安纳托利亚的道路。后来，腓特烈一世在萨列法河溺毙，而腓力二世与理查一世发生了意见分歧，决定返回欧洲。

❖ 第四次十字军东征中的"狮心王"理查一世。

十字军向埃及进军

第四次十字军东征

第四次十字军东征原本计划取道海上远征埃及，但这需要威尼斯的参与。威尼斯总督丹多洛 (Dándolo) 答应了十字军的要求，但前提是由他主导这次远征。十字军利用拜占庭皇室的内乱，于 1204 年以帮助流亡王子伊萨克重返王位为借口，转而进攻君士坦丁堡。不过，结果却出人意料，一场反西方的动乱推翻了安杰洛斯王朝。为了达到最初的目的，十字军进攻并占领了君士坦丁堡，随之而来的是前所未有的劫掠和政治动乱。这个曾经强大的中央集权帝国，政治势力被重新划分之后，威尼斯成了最大的赢家。

儿童，国王和军事团体

儿童十字军

从一个孩子传教开始，他声称得到了耶稣神谕并让他组建儿童十字军东征，欲使穆斯林和平地皈依基督教。

路易九世

法国国王路易九世出生于 1214 年，因为虔诚也被称为圣路易。1248 年，他组织了第七次十字军东征，欲征服埃及。1270 年，他又组织了第八次十字军东征，并于同年去世。

圣殿骑士团

在十字军东征中，许多团体被军事化，一些军队被纳入教会。在宗教军事团体中，圣殿骑士团最为著名．

耶路撒冷……耶路撒冷……

尽管在希伯来语中"耶路撒冷"意为"和平之城",但它却成了无数战争的目标。在中世纪,它被拜占庭和阿拉伯人轮番占领。1099年,基督教大军在十字军东征中征服了这座城市,并建立了耶路撒冷王国。1187年,萨拉丁再次占领了这座城市。除了1228年至1244年这一小段时间,十字军再也未能踏足这片领土。马穆鲁克王朝衰亡后,奥斯曼土耳其人在1517年占领了耶路撒冷。◆

城墙长约 4.5 千米,高约 5 米至 15 米不等,厚约 3 米,建有 43 座望楼和 11 座城门,有 8 座城门保留至今。

第一次十字军东征占领耶路撒冷的复原图

大屠杀

耶路撒冷城内拥有苦路、圣墓,以及多处基督教圣地。于是,罗马教廷将该城定为十字军的军事目标。1099 年 6 月,十字军统帅之一的戈弗雷公爵攻入该城。随后,十字军对城中的穆斯林和犹太人,包括老人、妇女、儿童在内,展开了无差别的大屠杀。

攻城槌 十字军使用粗重的原木撞击墙壁,一旦打开个缺口就蜂拥而入。攻城槌固定在一个轮式的棚子里不仅便于移动,还可以保护操作它的士兵。

攻城队员往往集体行动,为了防止流矢伤害,他们高举盾牌冲锋,这是从罗马军团延续下来的战术动作。

围城期间十字军在墙脚架起帐篷,举行宗教仪式。因战前要做忏悔,为此配备了一支伴随十字军的牧师大军。

攻城塔 十字军建造了与城墙等高的木制攻城塔,下面装有轮子。待木塔触及城墙时,攻城队员就可以趁势跳入城内。为此,守城方会使用易燃物烧毁攻城塔。

战争机器的打造需要无数工匠的不懈努力,他们需要向战斗部队提供不同类型的工具。他们被安置在远离前线的帐篷中,以便专心完成任务。

投石器 十字军利用投石器不断将石块与易燃物投入城中。由于投石器是木制的,它经常也会被守城方投掷的易燃物焚毁。

骑士在城市包围战中意义不大,因为很少出现城墙外的战斗。骑士的作用在于阻击守城方的援军。

城墙一旦被攻破,**步兵**随时准备攻入。有时,守城一方会故意放一部分攻城士兵进入城中,然后围歼,再将他们的尸首从城头扔下,以便震慑进攻方。

十字军

十字军东征得到了天主教教会及罗马教廷的支持，由西罗马帝国瓦解后的多个王国参加。尽管披着宗教的外衣，高级神职人员在世俗国家始终扮演着贵族的角色。教皇资助军队，筹划军事行动，结成各种政治同盟。虽然士兵由平民组成，但十字军的指挥权始终掌握在贵族手中，战争是贵族专有的工具。◆

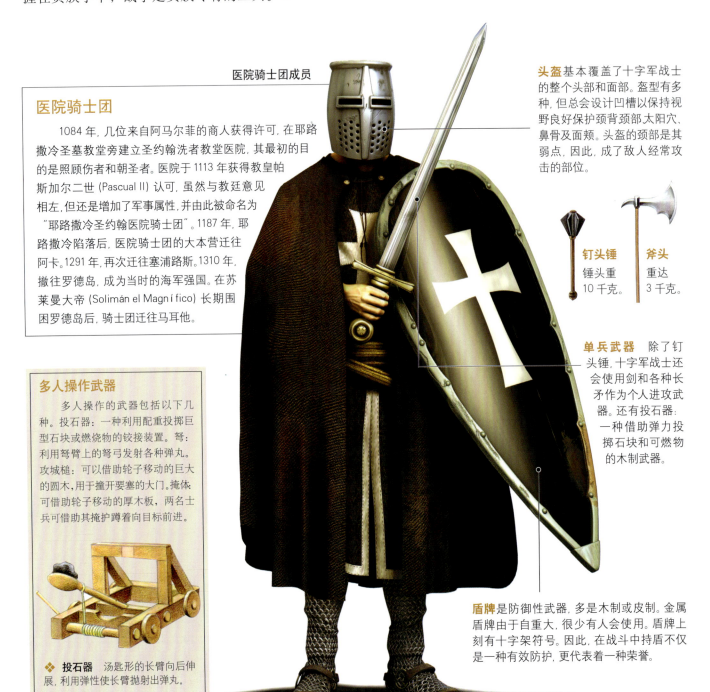

医院骑士团成员

医院骑士团

1084 年，几位来自阿马尔菲的商人获得许可，在耶路撒冷圣墓教堂旁建立圣约翰洗者教堂医院，其最初的目的是照顾伤者和朝圣者。医院于 1113 年获得教皇帕斯加尔二世 (Pascual II) 认可，虽然与教廷意见相左，但还是增加了军事属性，并由此被命名为"耶路撒冷圣约翰医院骑士团"。1187 年，耶路撒冷陷落后，医院骑士团的大本营迁往阿卡。1291 年，再次迁往塞浦路斯。1310 年，撤往罗德岛，成为当时的海军强国。在苏莱曼大帝 (Solimán el Magnífico) 长期围困罗德岛后，骑士团迁往马耳他。

多人操作武器

多人操作的武器包括以下几种。投石器：一种利用配重投掷巨型石块或燃烧物的铰接装置。弩：利用弩臂上的弩弓发射各种弹丸。攻城槌：可以借助轮子移动的巨大的圆木，用于撞开要塞的大门。掩体：可借助轮子移动的厚木板，两名士兵可借助其掩护蹲着向目标前进。

◆ **投石器** 汤匙形的长臂向后伸展，利用弹性使长臂抛射出弹丸。

头盔基本覆盖了十字军战士的整个头部和面部。盔型有多种，但总会设计凹槽以保持视野良好保护颈背颈部太阳穴、鼻骨及面颊。头盔的颈部是其弱点，因此，成了敌人经常攻击的部位。

钉头锤 锤头重 10 千克。

斧头 重达 3 千克。

单兵武器 除了钉头锤，十字军战士还会使用剑和各种长矛作为个人进攻武器。还有投石器：一种借助弹力投掷石块和可燃物的木制武器。

盾牌是防御性武器，多是木制或皮制。金属盾牌由于自重大，很少有人会使用。盾牌上刻有十字架符号。因此，在战斗中持盾不仅是一种有效防护，更代表着一种荣誉。

圣殿骑士团成员

圣殿骑士团

　　源于所罗门圣殿附近的一家旨在为来圣地的朝圣者提供保护的客栈，1128 年得到罗马教廷的正式承认。耶路撒冷陷落后，其总部先后转移到安条克、阿卡、该撒利亚和塞浦路斯。他们开创了现代银行业的经营模式，积累了惊人的财富。1307 年，法兰西国王腓力四世 (Felipe IV) 指控他们是异端，将其财产抄没。1312 年，教皇克莱门特五世(Clemente V) 被腓力四世施压，镇压了该组织，将其成员烧死在火刑柱上。

条顿骑士团成员

条顿骑士团

　　条顿骑士团成立于 1189 年，由参与第二次十字军东征并围攻阿卡古城的德意志骑士组成。因战争艰辛，加入该团必须年满 15 岁且身体强壮；骑士团成员被禁止与妇女来往，甚至不可亲吻自己的母亲或姐妹。

内甲　十字军骑士穿着金属锁子甲，由于贴身近战看重的是力量和稳定性，而非机动性，因此没有过多考虑盔甲的重量。

锁子甲局部放大图　重 20 千克，由 35 000 个钢环组成。

迁移　参与第一次十字军东征的，既有朝圣者，也有武装人员。军队中还混杂着大量非战斗单位——老年人、妇女和儿童。背井离乡的人们发誓在到达耶路撒冷圣墓前决不放弃。加入十字军就意味着可以在更富裕和更繁荣的土地上开始新的生活，即使战死也可以得到主的宽恕。基于此，也可以将第一次十字军东征理解为从西方到东方的一次移民。

文化遗产

文化遗产

艺术和文学

拜占庭帝国的文化遗产具有广阔的地域性和持久性，它的文化丰富多彩，不同元素的融合最终创造出与其他艺术大相径庭的风格。拜占庭文化的多样性是希腊化、基督化和东方文化三种基本元素融合的结果。希腊化继承的是古典希腊传统。查士丁尼一世和他的侄子查士丁二世试图将帝国罗马化，但也只在法律这一特定领域实现了。就基督教而言，也自然而然地给拜占庭文化留下了深刻的烙印。从伟大的君士坦丁大帝开始，君士坦丁堡的官方宗教就被定为基督教。拜占庭帝国位于地中海东部，由于商业和其他原因，与远东和非洲有着密切的关系。因此，拜占庭文化不可避免地受到来自东方的影响。

语言

拜占庭帝国的官方语言始终在希腊语和拉丁语之间摇摆。作为古罗马帝国在东方的延续，拉丁语作为官方语言用于国家行政管理，而希腊语则是普通人使用的语言，教会和各种教育者使用的也是希腊语。与此同时，帝国的某些地区还使用其他语言，如巴勒斯坦的阿拉米语、叙利亚的叙利亚语和埃及的科普特语等。当然，口语化的语言才能最终成为强势语言。

❖ **风格鲜明**　拜占庭雕塑的特征是专注的眼睛。（左图，意大利伦巴族寺庙内的圣人雕像）

事实也正是如此，希腊语最终代替拉丁语成为国家统治和行政管理的语言。举例来说，希拉克略时期，"奥古斯都"（Augustus）这个称谓被"国王"（Basileus）所取代。虽然二者同为"卓越"之意，但前者为拉丁语，后者为希腊语。当然，直到11世纪，拉丁语仍会出现在纪念铭文和硬币上，向人们展示其顽强的生命力。

伊斯兰的入侵及叙利亚与巴勒斯坦各省的衰落进一步加剧了帝国的希腊化。尽管阿拉伯人信奉的是伊斯兰教，但他们对古典文化和希腊文化始终表现出极大的尊重与兴趣。应该认识到，阿拉伯人在进军北非和西班牙的同时，也为欧洲带来了希腊哲学家、艺术家和科学家的思想，只是这些思想被罗马教会所禁止。

经典传统

拜占庭文学沿袭了帝国千年的政治变迁。拜占庭早期（4世纪中叶至7世纪中叶）就奠定了其文学体裁、风格和语言发展趋势的基础。人们坚信，古希腊文学应该是最好的范本，因此，所有文学作品都应该向古典世界的伟大作品靠拢。可惜时过境迁，继续因循守旧无疑会产生很多问题。以语言为例，在经历了几个世纪之后，拉丁文与普通人使用的希腊语渐行渐远。这种文字逐渐演变成一种带有精英特征的书面文字，只有那些受过高等教育的人才能接触并使

❖ **圣索菲亚大教堂**虽然被奥斯曼人改为清真寺，但它依旧是最典型的拜占庭建筑。

❖ **绘画**(右图)绘于木板之上的大天使米格尔画像。该画像使用传统的金色背景。

用。此外，由于受到社会和宗教的束缚，戏剧的发展举步维艰。即便如此，许多文化形式努力适应新环境存活了下来，直到15世纪中叶帝国灭亡。

修辞学既是帝国教育的主题，也是培养律师和法官的基础。修辞学建立在颂扬与讴歌的基础上，与艺术的功能相同，也是增强帝国意识形态和形象的手段之一。尽管如此，其中仍不乏新鲜、优秀又有趣的佳作。例

❖ 位于希腊米斯特拉斯的圣特奥多罗教堂**昔日景观**，建于 13 世纪左右。

通俗文学

❖❖❖

1204 年，君士坦丁堡的陷落及帝国的分裂为大众文学写作的发展提供了条件。年年岁岁花相似，岁岁年年人不同。在拜占庭帝国的故土上，古典主义已没有立足之地。与此同时，西方的影响不仅将文学创作带入新的领域，还激发了人们的想象力。于是，出现了一系列以动物为主题的诗歌故事。这些诗歌借助动物的天性讲故事，教化百姓。诗歌继续游走在讽刺与渎神之间。历史和古代神话依旧吸引着人们的注意，例如，《特洛伊战争》（La guerra de Troya）、《阿喀琉斯史》（Aquileida）、《亚历山大史》（La historia de Alejandro）等，这些都成为拜占庭时期及其后世的畅销书籍。

如，《短语》包含了以静物、风景、动物为题材的绘画等内容；而所谓的《王子之镜》（katoptra hegemonos）则具备了彰显国家主权理想形象的作用；此外，书信体也是人们使用最广泛的类型之一。

古典主义趋势最杰出的门类非史学莫属，之后发展出以下几个分支：历史、教会历史、编年史，以及圣徒传记。尽管历史试图以希罗多德和修昔底德（Tucídides）指定的古典戒律为基础，却不得不适应神权帝国的政治环境。因此，所谓的表达自由是不存在的。在7世纪中叶至9世纪中叶的"黑暗世纪"，文化的发展遭遇停滞，"毁坏

第一位女历史学家

❖❖❖

　　安娜·科穆宁娜（1083—1153）是拜占庭公主，皇帝阿莱克修一世·科穆宁的长女。她被认为是第一位女性历史学家，勤奋苦学的她成了希腊文学、历史、地理、神话和哲学的专家。1097年，安娜与尼基弗鲁斯·布林尼乌斯成婚。尼基弗鲁斯曾意图叛变篡位。其后，她参与母后伊琳娜·杜卡斯组织的阴谋，令皇帝阿莱克修一世将皇位传于自己的丈夫，而非自己的弟弟约翰。约翰二世·科穆宁登基后，安娜和母亲退居修道院。在那里，安娜用希腊文完成了15卷的《阿莱克修传》。该传记叙述了她父亲从1069年到1118年去世的故事，尼基弗鲁斯·布林尼乌斯生前就已经开始撰写，可惜没有成书就于1137年不幸去世，安娜完成了丈夫的遗愿。希腊历史学家修昔底德、波利比乌斯（Polibio）和色诺芬（Jenofonte）都是她学习的榜样。

昂"（kontakios）、"正颂"（kánones）和"特罗帕里翁"（troparios）。耶稣基督和圣母成为"作曲家"罗曼诺斯（Romano el Melodo）这样伟大的诗歌与音乐天才的灵感源泉。优秀的非仪式性宗教诗人包括昔兰尼的辛奈西斯（Sinesio de Cirene）和纳西昂的格里高利（Gregorio Nazianzeno）。

　　古典希腊语的发展也促进了神学的繁荣发展，出现了大批关于教义、反神学、护教士、诠释学、牧师和禁欲性质的作品。这些作品涉及了重要的宗教问题：神性、三位一体、异端、圣像破坏、与伊斯兰的关系、与西部教会的关系、神秘主义等。拜占庭先哲研究学的作者均认可神学的重要性。

大众文学

　　几个世纪以来，君士坦丁堡严酷而保守的氛围笼罩全国，这样的环境阻碍了口语化的、更加生动活泼的文学作品发展。只有少数像编年史作家马拉拉斯（Malalas）所著的编年史（6世纪）能使我们对拜占庭早期的语言状况有所了解。在随后的"黑暗世纪"时期，鲜有优秀的文学作品出现，且仅限于用混

圣像运动"也应运而生。在13世纪至15世纪的拜占庭晚期，古典主义文学大放异彩，出现了一大批由帕西迈利斯（Paquimeres）、尼基弗鲁斯·格雷戈拉斯（Nicéforo Gregorás）、克里托布罗斯·德·伊姆布罗斯（Critóbulo de Ímbros）和拉奥尼科斯·哈尔科孔蒂利斯（Laónico Calcocondilas）创作的优秀史学作品。

　　古典主义的诗歌传统以皮西狄亚的乔治（Jorge de Pisidia）长篇史诗《赫拉克利达》（Heracliada）或教育诗、赞美诗、小说和编年史诗为主。但是，拜占庭的赞美诗却更好地表现了人们的感性，其体裁包括"康塔基

❖　圣索菲亚大教堂的**柱头**带有风格化的几何形植物纹案。

❖ **拜占庭式建筑在俄罗斯**　下图，莫斯科克里姆林宫教堂的金色圆顶，带有拜占庭式建筑的明显特征。

合语言写就的编年史作品。

　　9世纪开始的帝国复兴带来了一股政治、社会和文化新风，这在文学表达方式中也得到了体现，出现了多种贴近通俗语言的诗歌形式。最初，人们歌颂东部边界捍卫者（Akritas）的丰功伟绩。12世纪，出现了《狄吉尼斯·阿克里特：混血的边境之王》，被认为是新希腊文学的开端。与此同时，拜占庭古典主义杰出的代表西奥多·普罗德罗莫斯（Teodoro Pródromo）用讽刺诗谴责极度的贫困。此外，教育诗也非常具有代表性。

造型艺术

　　这种艺术形式在6世纪初独具一格，几乎只用马赛克和羊皮纸进行创作。拜占庭的造型艺术因其大量使用名贵材料而蜚声海外。无论是玻璃马赛克还是其他奢华的装饰物，都使用大量的黄金做底色。

　　通常在描绘人物时，往往将身体拉长。画中人呈站姿，手中持物，身着丘尼卡长袍，笔直且平行的衣服褶皱与地面几乎垂直，而在人物左臂上堆叠的衣料则为画面增加了几分灵动。人物往往相貌威严而平静，眼睛大而圆睁，双脚窄小且足尖纤细。

　　画面中的装饰元素通常包括珍珠、缎带、宝石、花环，以及棕榈树等植物元素。在人物的侧面或头部上方经常是纯金色或纯蓝色的背景，上面有垂直或水平的铭文，用来解释角色的名称或场景代表的含义。创作主题通常取材于《圣经》，包括《旧约》和《新约》，有的反映了帝国皇室的宗教场景，有的则描绘了天使和圣人。在拜占庭教堂的后殿或圆顶中常见全能者基督像，时而独处，时而被使徒或圣徒所环绕。

　　拜占庭造型风格在13世纪后变得愈发明显，人物姿势过于僵化且棱角分明，由此，使人物因缺乏表现力及生命力逐渐沦为了代表性符号。14世纪的巴列奥略王朝时期，帝国的衰落进一步加剧。16世纪末，拜占庭绘画在希腊圣山中的修道院里找到了归宿，并作为僧侣们的日常活动流传至今。

建筑为信仰服务

拜占庭不仅继承了罗马建筑的基本特征，还加入了早期基督教建筑的元素。其建筑的本质是宗教性的，偏爱用砖作为建筑材料。尽管也会使用圆柱，但最有特色的创新却是使用圆形穹隆顶。虽然筒形拱和十字拱是当时最为常见的拱顶类型，但圆形穹隆顶脱颖而出。穹隆顶多为中心突出的整体造型，围绕这一中心部件，周围有序地设置一些与之协调的悬垂部件。教堂常采用希腊十字式

形式，廊道的交汇处建有穹隆顶。受早期基督教影响，教堂除主堂外，还建有中庭或前庭，放置圣像的镂空隔墙名为圣障，祭坛位于圣障之前。

拜占庭的艺术和建筑史通常分为三个主要阶段。第一阶段属于查士丁尼时代，代表性建筑有位于君士坦丁堡的圣谢尔盖教堂和圣巴克斯教堂、圣伊琳娜教堂以及著名的圣索菲亚大教堂。第二阶段处于马其顿文艺复兴时期（9世纪至11世

纪）。这一时期的教堂主建筑通常使用穹隆顶，属于希腊十字式建筑。十字筒形拱上有五个穹隆顶，一个位于中间，四个位于拐角处。君士坦丁堡的圣使徒教堂、塞萨洛尼基的圣凯瑟琳教堂、雅典大教堂和威尼斯的圣马可大教堂都是如此。第三阶段与收复君士坦丁堡（1261年）相吻合。在此期间，君士坦丁堡帕玛卡里思托斯教区的圣玛丽亚教堂、位于伯罗奔尼撒圣山或米斯特拉斯的教堂脱颖而出。

◆ **圣阿波利纳雷教堂**　拜占庭短暂统治意大利半岛期间创造的建筑奇迹。

拜占庭建筑

　　建筑是拜占庭文明的代表。第一个建筑黄金时代出现在4世纪的查士丁尼时期，当时的技术、材料及建筑风格的辨识度非常高；第二个建筑黄金时代出现在9世纪的巴西尔一世时期，这一时期的教堂建筑属于希腊十字式建筑，圆形穹隆顶建于其上，外底座上波浪形的檐口十分显眼；第三个建筑黄金时代出现在13世纪至15世纪之间，该时期的教堂穹隆顶建在多边形或圆形的鼓座结构之上。◆

达芙妮教堂外景

达芙妮教堂

　　Pantocrátor 源于希腊语 pantos，意为"全部"，krator意为"强大"。这个词被用来形容希腊神话中的全能神宙斯（Zeus）。在拜占庭艺术中，它被用来形容耶稣基督。正如在达芙妮教堂中看到的那样，基督的形象雄伟、壮观，左手持《圣经》，右手举起代表祝福。

❖ 达芙妮教堂穹隆顶上的基督像。

继承与创新

　　拜占庭建筑保留了许多罗马建筑和基督教初期的元素。首先，拜占庭建筑同样使用砖石作为建筑材料，用来装饰外部和内部饰面，它还保留了半圆形拱门和古典圆柱作为支撑构件。同时，它在元素的动态概念和原始的空间感方面也有所创新。而它最杰出的贡献是系统性地使用拱顶，以及建于帆拱之上的穹隆顶，并借助三角形球面结构将方形基座与球型拱顶结合起来。

风格迥异

　　潘塔纳萨修道院由牧首胡安·弗朗科普罗（Juan Francópulo）于1428年在米斯特拉斯建立。实际上，这是拜占庭时代最后的宗教建筑。(左图，彩色壁画细节)

　　拜占庭式建筑在俄罗斯东正教会的发展以极简著称，正如赫得戈教堂一样。(左图，教堂内部)

　　莫斯科圣母升天大教堂内有伊凡大帝（Iván）的陵寝，他实现了俄罗斯的统一与独立。(左图的门上绘有使徒的形象)

穹隆顶 是拜占庭建筑的伟大贡献。穹隆顶建于鼓座结构之上，带有突出的檐口。

扶壁 用于抵抗拱券的推力，增强穹隆顶的稳定性。随着时间的推移，逐步演变成优雅的哥特式外凸扶壁。

装饰元素 带有小立柱和饰条的窗户装饰是拜占庭建筑的特征之一。这些立柱的柱头通常用星星、花朵、树叶和鸟类等造型作为装饰。

墙壁 厚重的墙壁用于弥补砖块易碎的不足。虽然有时会用石块建墙，但通常只是将石材覆盖在砖块表面。

样式丰富

特拉勒斯的安提莫斯和米利都的伊西多尔

圣索菲亚大教堂（上图）是拜占庭建筑的巅峰之作。特拉勒斯的安提莫斯和米利都的伊西多尔奉查士丁尼一世的命令，于532年至537年主持修建了该教堂。奥斯曼土耳其人在占领了君士坦丁堡以后，将教堂改为清真寺。

十字式建筑

十字式建筑（上图，希腊圣山上的一座修道院）是将基督教物化为建筑的最好形式。这种建筑形式不仅遍布整个拜占庭帝国，在信奉天主教的欧洲大陆，"拉丁十字式建筑"也随处可见。

圣母升天大教堂

建于1475年至1479年间的圣母升天大教堂位于莫斯科大教堂广场的北侧，它是拜占庭建筑晚期的杰出代表，受伊凡三世（Iván III）之邀，由来自意大利博洛尼亚的著名建筑师亚里士多德·菲奥拉万蒂（Aristóteles Fiorovanti）主持建造。

圣索菲亚大教堂

　　查士丁尼一世在位期间，仅用5年就在君士坦丁堡建成了圣索菲亚大教堂。主持修建的是两位希腊人：特拉勒斯的数学家安提莫斯和米利都的建筑师伊西多尔，其指导思想是"将几何注入建筑之中"。作为基督教大教堂，它在此地矗立了上千年。1453年，奥斯曼人占领了这座城市，增建了宣礼塔、柱脚石、扶壁。最初的建筑思想是，教堂的巨大拱顶由四个拱形结构支撑，借助扶壁和半穹隆顶分散重量。◆

查士丁尼一世头像

上帝圣智教堂

　　拜占庭帝国进入全盛时期，于是，查士丁尼一世下令修建一座教堂，以彰显国力。圣索菲亚大教堂建于 532 年至 537 年，是在君士坦丁大帝时期的上帝圣智教堂原址基础上复建的。上帝圣智教堂原供奉的是智慧之神索菲亚，在希腊语中，索菲亚即"圣智"之意。

扶壁　加固扶壁释放了承重墙的压力，这样，在外部的墙壁上就可以开启足够多的大窗。

从大教堂到清真寺

　　1453 年，君士坦丁堡被奥斯曼人攻陷，大教堂也随之被改为清真寺。穆斯林人和圣像破坏者用灰浆覆盖了马赛克镶嵌画，又在外面竖起四座宣礼塔。这不仅意味着地中海东部地区在宗教方面的转变，还彰显了贸易之路上新宗主的力量。同时，此举还标志着中世纪的结束和西方进入了近现代史时期。

◆ **伊斯兰化**　在奥斯曼人的占领下，教堂原有的圣像消失了。随之出现的是《古兰经》中的人物塑像。

圣索菲亚大教堂的结构剖面图

如同悬浮在空中

　　整个建筑下方为一个 77 米 ×71 米的矩形，中央大穹隆顶高 55.6 米，直径 31.24 米。穹隆顶的四角没有使用鼓座结构，取而代之的是借助 40 个小型扶壁和 40 扇窗承担着穹隆顶的推力。大穹隆顶的兴建引领了同时期建筑使用穹隆顶的风潮。借助帆拱和侧廊对重力的传导，整栋建筑仿佛悬浮在空中，从外部看，非常和谐。

内部空间向心性

　　圣索菲亚大教堂开创了拜占庭式建筑空间向心性的先河。巨大的纵向侧廊之上是巨大的中央穹隆顶和两个半穹隆顶。一系列外围穹隆顶和扶壁划分出了侧廊，也撑起了整个建筑结构。

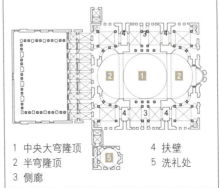

1 中央大穹隆顶　　　　4 扶壁
2 半穹隆顶　　　　　　5 洗礼处
3 侧廊

半穹隆顶　半穹隆顶对中央大穹隆顶起到支撑作用，一系列的半穹隆顶和次级拱顶可以将重量分散传递给外立面。

外观　大教堂为金字塔式的外观，表面覆盖砂浆，而高塔为石质，其朴素的外观与奢华的内部形成了鲜明的对比。

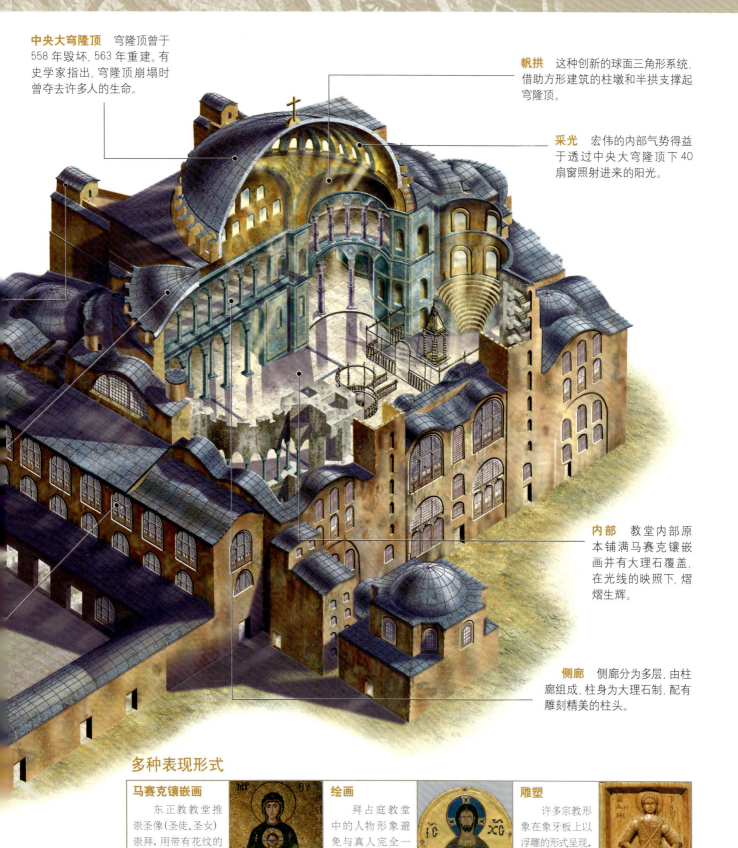

中央大穹隆顶 穹隆顶曾于558年毁坏，563年重建。有史学家指出，穹隆顶崩塌时曾夺去许多人的生命。

帆拱 这种创新的球面三角形系统，借助方形建筑的柱墩和半拱支撑起穹隆顶。

采光 宏伟的内部气势得益于透过中央大穹隆顶下40扇窗照射进来的阳光。

内部 教堂内部原本铺满马赛克镶嵌画并有大理石覆盖，在光线的映照下，熠熠生辉。

侧廊 侧廊分为多层，由柱廊组成，柱身为大理石制，配有雕刻精美的柱头。

多种表现形式

马赛克镶嵌画 东正教教堂推崇圣像（圣徒、圣女）崇拜，用带有花纹的玻璃块在墙壁和拱顶上组成图像。

绘画 拜占庭教堂中的人物形象避免与真人完全一致，皇帝也不例外，一般在板上作画。

雕塑 许多宗教形象在象牙板上以浮雕的形式呈现，常被作为游行中旗帜的图案使用。

拉文纳圣维塔教堂

拉文纳以其早期基督教遗迹和拜占庭古迹闻名。5世纪，霍诺里乌斯皇帝迁都至此，从此，拉文纳成为西罗马帝国的首都，后被作为君士坦丁堡选派主教的教廷所在地，以便于拜占庭帝国对意大利的统治。在这座城市中留有大量的拜占庭文化遗存，尤以圣维塔教堂最为著名。由于对"毁坏圣像运动"的抵制，才使这里的马赛克镶嵌画和雕塑幸免于难。◆

中庭设有两扇门：一扇为男性使用，一扇为女性使用。男性使用主堂，女性在高层妇女席楼座参与礼拜活动。从这个意义上说，教堂保持了基督教原始传统——男女分开礼拜。

圣维塔教堂外景

一面朴实，一面奢华

圣维塔教堂外观朴实无华。整栋建筑采用轻质抗压材料建造，坚固的砖墙在拐角处由大型飞扶壁加固，小型扶壁从屋顶的屋檐和拱顶上拱起，房顶上的穹隆顶呈八角形。但与朴素的外表相反，教堂的内部装饰却极其奢华，纹理细腻的大理石窗台、花纹精美的柱子和柱头，这些也许都来自马尔马拉海上普洛孔涅索斯岛的工坊。教堂内部保存有许多壁画，其中，马赛克镶嵌画最为突出，它们是拜占庭艺术巅峰的代表作。

"天堂沉思"

圣维塔教堂（下图，建筑平面图）没有遵循早期基督教传统，没有采用古代巴西利卡式教堂"空间－路径"的思路，转而使用"天堂沉思"的路线。

教堂宏伟的穹隆顶和极尽奢华的内部装饰让人产生升天之感。

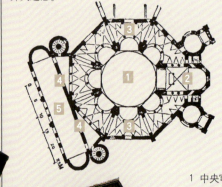

1 中央穹隆顶
2 祭坛
3 回廊
4 前廊
5 中庭

半圆形后殿

圣阿波利纳雷教堂是为了纪念圣人阿波利纳雷（San Apolinar）而建造的。教堂被树木、灌木、花卉和奇石所环绕。半圆顶上装饰着基督和代表十二信徒的羊的镶嵌画，周围的十二只小绵羊象征着耶稣基督的十二使徒。半圆顶中心是一个大大的十字架，上帝之手位于十字架的正上方。十字架的左右两侧装饰着希腊字母的首字母 α 和尾字母 Ω，代表"上帝创造万物，有始，有终"。

圣阿波利纳雷教堂后殿。

圣阿波利纳雷教堂

圣阿波利纳雷教堂的内部尤为引人注目，这是通过浅色大理石柱对光产生强烈的反射达到的效果。教堂内的两排柱子间有马赛克镶嵌画，马赛克的光彩也能映衬到大理石上。

❖ 圣阿波利纳雷教堂的主堂全景。

花团锦簇　祭坛的穹隆顶装饰有大量的花环、树叶、水果和花卉，充满了异教希腊化的风格。穹隆顶上有许多反映绵羊的图案，天使托着它们，在植物、鸟类和神话人物间穿梭飞翔。此外，还有一座由两个手持太阳盘的天使守护着的凯旋门。

异教元素　没人知道修建这座教堂的建筑师是谁，只知道在 427 年，大主教埃克雷西奥（Ecclesio）资助建造了这座教堂。那时，拉文纳仍在东哥特人的手中，因此，教堂才出现了异教与基督教元素相互交织的情况。

马赛克镶嵌画与壁画再现了《旧约》中的许多场景。例如，亚伯拉罕（Abraham）的异象，以撒（Isaac）的牺牲、亚伯（Abel）和麦基洗德（Melquisedec）的祭物等。在刻画耶稣基督时，能看到不同的风格：早期全能基督教展现出森严的等级；希腊化的风格则表现出年轻、净面、金发的耶稣形象。

新圣阿波利纳雷教堂

无论是 476 年结束的罗马帝国时期，还是 540 年结束的东哥特时期，抑或是 540 年后开始的拜占庭时期，拉文纳的教堂都装饰有五光十色的马赛克镶嵌画。新圣阿波利纳雷教堂虽然也不例外，但是这些装饰画并不属于同一时期。有的创作于狄奥多里克（Teodorico）时期，有的得益于主教阿涅洛（Agnello）。为了将这栋建筑献给天主教基督徒，他下令对其进行重建。

❖ 马赛克镶嵌画：查士丁尼一世与朝臣。

马赛克艺术

　　马赛克镶嵌画最初从罗马帝国传至拜占庭的时候，只能作为地面装饰。由于马赛克镶嵌画所用的瓷砖、石块、大理石的自重问题，无法在垂直面上铺贴。随着亚历山大等城市制造出尺寸更小、色彩更艳丽、安装更坚固的马赛克瓷片，这项技术才得以在墙面上使用。新材料的采用令马赛克镶嵌技术成了一门真正的艺术。人们通过光线与马赛克的排列方式，让画面更丰富，更具有生命力和动感。◆

拉文纳新圣阿波利纳雷教堂中的马赛克镶嵌画：东方三博士

拜占庭马赛克镶嵌技术

　　要想在墙壁上铺贴马赛克，需要用石灰混合制成5～6厘米厚的多层基底，最后一层为土红色。工匠先在图纸上绘制图形，然后用棕色或黑色标记轮廓。马赛克瓷片的大小并不相同，小块用于塑造面部和身体的裸露部分，大块用于描绘服饰与风景。为了最大限度地折射光线，铺贴时瓷片的角度也不尽相同。还有一种微型马赛克，其大小与大头针粗的一端相仿。

鲜明的特点

　　缺乏透视感、人物形象死板、使用黄金突出场景是拜占庭马赛克镶嵌画的三大特点。这些特点在圣索菲亚大教堂中的圣约翰像中可见一斑。拜占庭马赛克镶嵌画的其他特点还包括：光环缩小为平直的圆圈、大大的眼睛、深邃的目光等。

❖ 圣索菲亚大教堂中的马赛克镶嵌画：圣约翰像。

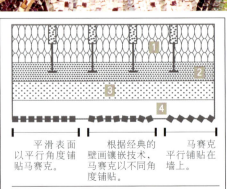

| 平滑表面以平行角度铺贴马赛克。 | 根据经典的壁画镶嵌技术，马赛克以不同角度铺贴。 | 马赛克平行铺贴在墙上。 |

1 砖墙　　　　　　　　2 厚砂浆和固定钉
3 中层砂浆　　　　　　4 用于固定瓷砖的细砂浆

极富美感

建于 6 世纪的拉文纳圣维塔教堂（左图），虽然外表看起来朴实无华，内部却被马赛克镶嵌画装点得富丽堂皇。

1453 年，奥斯曼土耳其人攻占君士坦丁堡后，他们用灰浆把城中圣索菲亚大教堂内精美的马赛克镶嵌画进行了遮盖。

基督教的圣经故事为拜占庭马赛克镶嵌画提供了创作的源泉但不局限于《福音书》中的内容（左图，11 世纪一幅关于"创造夏娃"的马赛克镶嵌画）。

巴尔撒泽、梅尔基奥尔和加斯帕（Baltazar, Melchor, Gaspar，从左到右） 正是他们在伯利恒拜见了幼年的耶稣。他们进献黄金，象征承认耶稣为大卫王后代David的尊贵进献乳香，象征神圣，进献没药（涂于死者身上的防腐香料），预示基督日后将被钉死在十字架上。

工厂 11 世纪的君士坦丁堡活跃着多座大型玻璃工厂,制造满足布拉赫奈宫和富人们豪宅装修需求的材料。用于装饰的马赛克镶嵌画,除了传统主题,还有自然、动物和《圣经》中的场景。科穆宁时期的复兴为装饰题材的转变提供了可能:基督教与异教主题并存,《旧约》中的人物与神话英雄,甚至与亚历山大大帝、拜占庭皇帝相互交织。

新品位 6 世纪以前,马赛克工艺一直被用于地面装饰,例如君士坦丁堡大皇宫的地面。随着时间的推进,人们的品位发生了改变,大理石在地面装饰上的应用有所增加;宗教艺术限制使用雕塑;宗教崇拜为壁画和马赛克镶嵌画的发展提供了空间。随着教堂规模的缩小,马赛克镶嵌画工艺日趋完美。

绘画与雕塑

拜占庭的绘画艺术在6世纪逐渐定型，并在镶嵌画、壁画和羊皮纸微型画等方面不断发展。绘画的装饰性元素通常包括珍珠、缎带、宝石、花环、棕榈树等植物和建筑图案。在人物两侧或顶端的金色背景中常有垂直或水平的铭文，用于交代人物名称或场景的含义。拜占庭的雕塑注重写实，形式单一，多用浅浮雕，常用象牙等名贵材料雕刻小型器物。◆

圈环形装饰带 中间是全能者基督像，整个画面中，无论是基督头部的光环还是围绕他的图案，都是完全对称的，装饰带内侧还绘有头顶金色光环的圣徒和帝国圣人。

瓦拉姆修道院内的全能者基督像

悬浮在空中

迈泰奥拉修道院群位于希腊北部的泰萨利亚，临近卡兰巴卡市。迈泰奥拉，在希腊语中意为"悬浮在空中"。传说中，这些位于山顶的修道院是从天而降的，为的就是磨炼苦行者，坚定他们的信仰。阿萨纳西奥斯（Athanasio）从圣山被驱逐后，修建了24座修道院的第一座：大迈泰奥拉修道院，而15世纪是修道院建筑群的全盛期。现在，各修道院中均存有大量精美的拜占庭画作。

位置 教堂中有两个地方可以放置全能者基督像，或位于室外的山墙内饰三角面用石头雕成；或位于教堂的主穹隆顶内，通常采用壁画的形式。

浅浮雕：圣保罗的祝福

亚洲的影响

拜占庭的雕塑风格与罗马一脉相承，但又受到了亚洲的强烈影响。这种影响通过雕塑的华丽服饰，以及大量使用的贵重金属可见一斑。拜占庭的雕像很少，他们似乎更钟情于用象牙、白银或青铜制成的浮雕和奖章。浮雕中的人物目视前方，与马赛克镶嵌画和绘画中的做法别无二致。

天空通常由深蓝色代表。其单一的颜色缺乏体积感和运动感，这并不是因为**人们不懂得透视画法**，而是希望通过这种手法刻画一个永恒不变的世界。

拜占庭绘画中使用的**几何图案**同样是为了突出耶稣基督而做，通常用重叠的三角形组成星形图案作为背景。

修长的身体

拜占庭绘画中人物体形修长，身着丘尼卡长袍等服饰，通常带有笔直而平行的皱褶，几乎与地面垂直，堆叠的衣料或斗篷搭在左臂上，这点与罗马帝国的做法一脉相承。

❖ 圣斯蒂芬修道院中的壁画《圣三位一体》。

牙雕　象牙是从非洲和远东进口的奢侈品，被大量运用于拜占庭的雕刻品中。在上图的象牙函中，所雕刻的人物目视前方，函上的图案象征着政治和宗教权力。

希腊化的传承

亚历山大大帝时期，马其顿帝国的扩张使拜占庭文明转向希腊化。与此同时，拜占庭又深深地受到东方的影响，广泛使用的植物元素和几何化趋势就是最好的例证。正如左图的柱头，几何造型显示出极强的对称感。

❖ 柱头上的拜占庭雕刻。

博物馆中的拜占庭

　　拜占庭地处连接地中海盆地、西欧、远东主要贸易线路的交会点上，为此，它付出了沉重的代价。除了要面对日耳曼人和斯拉夫人对边境无休止的侵扰，还必须承受来自穆斯林军队和十字军的东西夹击。每次战争过后，包括金银器在内的精美战利品就会被劫掠到远方，也正因为如此，各大洲的博物馆内均陈列着无数拜占庭文明留存的文物。◆

华特斯艺术博物馆

　　位于美国巴尔的摩的华特斯艺术博物馆藏有产地丰富、风格多样的中世纪艺术品，拥有众多的拜占庭古籍抄本。它建有全世界最专业、最重要的手稿修复中心（上图，经过修复的手稿）。

博德博物馆

　　博德博物馆是位于德国首都柏林博物馆岛的一座博物馆。该建筑原名为凯撒-弗里德里希博物馆，是为了纪念德国皇帝弗里德里希三世（Federico III）命名的。1956年，为了纪念首任馆长威廉·冯·博德（Wilhelm von Bode），博物馆更名为"博德博物馆"。博物馆收藏有拜占庭的雕塑、艺术品、硬币和奖章，雕塑藏品展现了东方基督教的艺术特色，馆内的重点文物多源自拜占庭和拉文纳。

❖ 拜占庭雕像——圣人赐福，原存于拉文纳。

俄罗斯国家博物馆

　　它是世界上最大的艺术博物馆之一，占据了圣彼得堡历史中心的四座宫殿。这些建筑构成了一幅俄罗斯建筑的全景图，而拜占庭风格又是其最重要的特色之一。馆内藏有艺术水平极高的圣像和马赛克镶嵌画。

❖ 位于俄罗斯圣彼得堡的俄罗斯国家博物馆。

塞萨洛尼基的拜占庭文明博物馆

　　该博物馆收藏了大量的拜占庭艺术品，尤以金器最为出名（上图，两枚金胎珐琅手镯）。

❖ 塞萨洛尼卡白塔，原为奥斯曼帝国的监狱，现成为拜占庭博物馆总部。

伊斯坦布尔卡里耶博物馆

　　该博物馆在 11 世纪曾是一座教堂。馆内藏有拜占庭马赛克镶嵌画和 14 世纪宗教壁画，这些藏品水平极高。1453 年，君士坦丁堡被奥斯曼土耳其人攻占，该教堂随即被改为了清真寺，教堂内部的马赛克镶嵌画也被遮盖。如今，这些精美的画作不仅重见天日，还得到了妥善的修葺。卡里耶博物馆是展现拜占庭艺术的主要博物馆之一。

❖ 伊斯坦布尔的建筑瑰宝——卡里耶博物馆外景。右图，卡里耶博物馆的穹隆顶。

巴杰罗博物馆

　　巴杰罗宫建于 1255 年，最初是意大利佛罗伦萨的市政厅，后被改作监狱（实际上，直到 1786 年，这里的中庭还处决过犯人），1865 年以来，成了一家国立博物馆（巴杰罗国家博物馆），主要展示雕刻作品。除了米开朗琪罗（Miguel Ángel）和唐纳泰罗（Donatello）的作品，该馆还藏有大量用象牙、金、银、大理石制成的拜占庭浮雕精品。

❖ 左图，象雕双联画，上面刻有亚当和圣保罗的生平。下图，巴杰罗博物馆一角。

纪年表

拜占庭文明始终以地中海地区的地缘政治变化为背景，4世纪，被罗马帝国征服。当时罗马帝国的中枢位于罗马。中亚民族的迁徙造成"蛮族"不断侵扰西欧，最终导致了西罗马帝国的灭亡。随后，帝国迁都拜占庭，并更名为"君士坦丁堡"。从此，拜占庭帝国成为东罗马帝国。得天独厚的地理位置使亚欧之间的贸易往来掌控在拜占庭人的手中，但同时也为帝国的灭亡敲响了丧钟。 ◆

300—350

君士坦丁堡

306年，君士坦丁被拥立为"奥古斯都"。相传在米尔维安桥战役中，在罗马城门口，他看到了天空中的十字架——象征基督的庇护。

314年，圣西尔维斯特（San Silvestre）当选为教皇。325年，教皇第一次召开尼西亚公会议并谴责阿里乌斯派。

330年，拜占庭被定为罗马帝国的首都，别称"君士坦丁堡"。

335年，君士坦丁将帝国一分为三，交给了自己的三个儿子并任命他们为凯撒：君士坦丁二世（Constantino II）统治西班牙、高卢和不列颠；君士坦斯一世（Constante I）统治意大利、伊利里亚和非洲领土；君士坦提乌斯二世（Constancio）统治埃及和亚洲领土。

337年，君士坦丁受洗为基督徒，并于同年去世。

343年（另一种说法为340年），君士坦提乌斯二世和君士坦斯一世分别成为东罗马帝国和西罗马帝国的皇帝。

350年，君士坦斯一世去世后，君士坦提乌斯二世成为罗马帝国唯一的皇帝。

354—450

两个帝国

354年，圣奥古斯丁（San Agustín）降生，同年，耶稣诞生日开始被作为圣诞节进行庆祝。361年，君士坦提乌斯去世，尤利安继任，因为登基后对基督徒的迫害而被称为"叛教者"尤利安。

363年，尤利安皇帝死于对波斯的战争。

364年，西罗马皇帝瓦伦丁尼安（Valentiniano）选择心爱的弟弟——信奉异教的瓦伦斯（Flavio Valente）作为东方的共治皇帝。

379年，狄奥多西一世被提名为东方的奥古斯都，并于381年召开了第一次君士坦丁堡公会议。388年，他封还是孩子的瓦伦丁尼安二世（Valentiniano II）任西罗马帝国皇帝，借此加强对整个帝国的统治。

395年，狄奥多西一世驾崩。临终前，他将罗马帝国分给两个儿子，封10岁的次子霍诺里乌斯为西罗马帝国皇帝，封18岁长子阿卡迪乌斯为东罗马帝国皇帝。

410年，阿拉里克一世（Alarico I）率领西哥特军队洗劫了罗马。

450年，狄奥多西二世驾崩。

451—500

洗劫罗马

454年，汪达尔人洗劫了罗马。

利奥一世在盟友的支持下加冕为东罗马帝国皇帝。利奥一世去世后，由外孙利奥二世即位。几个月后，利奥二世驾崩。474年，利奥二世的生父芝诺加冕称帝。

476年，西罗马帝国最后一位皇帝罗慕洛·奥古斯都被哥特雇佣军首领奥多亚克废黜。

芝诺去世后，利奥一世的女儿阿里亚德涅寡居，阿纳斯塔修斯一世与她结婚后登基为帝。493年，狄奥多里克占领拉文纳，杀死了奥多亚克。

494年，狄奥多里克在拉文纳加冕为意大利国王。

497年，东罗马帝国皇帝阿纳斯塔修斯一世承认狄奥多里克在意大利的统治。

498年，阿拉伯部落侵袭叙利亚和巴勒斯坦。

501—541

查士丁尼王朝

502年，波斯人占领亚美尼亚。

518年，查士丁尼一世加冕称帝。

523年，拜占庭占领梅诺卡岛，建立了一个崭新的基督教王国。

525年（另一种说法为523元），狄奥多拉与未来的罗马皇帝查士丁尼成婚。

527年，查士丁尼被推举为皇帝，组织撰写《民法大全》（Corpus Iuris Civilis）。

529年12月25日圣诞节被宣布为公共假日。

530年，贝利萨留在达拉斯击败了波斯人，但随后在卡利奈孔战役中吃了了败仗。

532年，圣索菲亚大教堂开始建造。

查士丁尼开展行政改革：禁止买卖公职、取

消教区、增加税收以维持军事行动开销。540年，萨珊波斯军进犯东部边境。

542—565

库思老一世（Cosroes）率领波斯大军入侵科马根，并占领了卡利尼库斯。541年至542年，小亚细亚鼠疫肆虐，造成人口锐减，经济活动受到严重影响。

548年，狄奥多拉去世。550年，库思老一世入侵亚美尼亚，在杜比斯大败拜占庭军队。552年，斯拉夫人抵达塞萨洛尼卡。

553年，查士丁尼召集第二次君士坦丁堡公会议。尽管罗马教会极力抵制，大会仍由君士坦丁堡牧首优迪乌（Eutiquio）主持召开。罗马教皇维吉利（Virgilio）以与会的东、西方主教人数差异过大为由拒绝参会。

565年，查士丁二世在查士丁尼一世去世后继承皇位。新皇即位时，拜占庭帝国的经济和军事实力已经在波斯等外敌的侵扰下千疮百孔。

一种信仰，两个教会

东、西方的决裂

随着罗马霸权的衰落，国家的权柄逐渐向拜占庭转移。此时，教皇总部虽然名义上仍设在"圣城"，但已开始将重心转向拜占庭帝国的首都君士坦丁堡。在那里，注定会遇见另一种文化与宗教。从亚历山大大帝时期的东、西方融合开始，拜占庭基督教受到了来自希腊文化的影响，并被罗马教会指责为异端。宗教对抗时常升级为武装冲突，例如，发生在君士坦丁堡的"毁坏圣像运动"——人们视圣像崇拜为异教徒的行为。因此，东、西方教会的分裂是不可避免的。这种情况一直持续到今天。

570—599

波斯的进攻

572 年，拜占庭帝国与波斯的战争在东线不断加剧，罗马和各西欧基督教王国却态度冷淡。

574 年，查士丁二世罹患精神病。于是，提比略二世（Tiberio II）被推举为皇帝。提比略二世与查士丁二世的妻子索菲亚共同执政。

578 年，提比略二世开始单独执政。582 年，提比略二世去世后，皇室卫队长莫里斯（Mauricio）继位，成为拜占庭皇帝。

589 年，波斯受到阿拉伯、土耳其和卡扎尔部落的入侵，这无形中缓解了君士坦丁堡的压力。

599 年，莫里斯拒绝营救落入阿瓦尔可汗手中的 12 000 名囚犯，导致人犯全部被处决。后来，军队不满皇帝的命令，拥立百夫长福卡斯（Focas）为帝。

602—647

602 年，福卡斯胜利进入君士坦丁堡，莫里斯竟绝望地向波斯求助，福卡斯将莫里斯及其子女统统杀害。

610 年，为了恢复秩序，迦太基的总督率领舰队抵达君士坦丁堡。其子希拉克略击败了福卡斯，随即被推举为皇帝。

614 年，波斯占领大马士革和耶路撒冷。

627 年，希拉克略在一次反攻中击败了萨珊波斯军。

630 年，穆罕默德征服麦加。

633 年，伊斯兰教开始扩张，阿拉伯大军不断征服大片领土。

637 年，耶路撒冷落入阿拉伯穆斯林之手。

641 年，希拉克略去世。

647 年，阿拉伯人征服了的黎波里塔尼亚和昔兰尼加。

651—722

阿拉伯的围攻

655 年，君士坦丁堡被阿拉伯人包围。

669 年，阿拉伯人从君士坦丁堡撤军。

678 年，拜占庭舰队迫使阿拉伯人停止了对君士坦丁堡的又一次围困。

680 年，君士坦丁堡召开的第六次普世会议通过允许圣像崇拜的决议。

717 年，叙利亚人利奥三世兵不血刃，登上了帝国皇位。

718 年，哈里发苏莱曼从海陆两个方向对君士坦丁堡实施封锁。之后，饱受争议的"毁坏圣像运动"开始。利奥三世指责人们借助画像进行偶像崇拜，这进一步加剧了帝国内部紧张的教俗关系。

720 年，哈里发雅兹德二世（Yazid II）禁止国内的基督徒进行圣像崇拜。

722 年，利奥三世下令将基督像从皇宫大门移除。

723—750

"毁坏圣像运动"

教皇格里高利二世抗议皇帝干预宗教事务，试图将君士坦丁堡从利奥三世的"毁坏圣像运动"中"解救"出来，但是这一努力在 723 年的达达尼尔海峡战役中以失败告终。

◆ **圣母玛利亚**与幼年基督像，拜占庭帝国圣索菲亚大教堂内的马赛克镶嵌画。

地中海路线的变迁

贸易路线的扩张

罗马帝国的瓦解意味着历史性大变革的开始，影响了未来几百年的社会格局，特别是对地中海地区的影响尤为深远。市镇的发展带动了经济的发展，新行会的出现催生了中产阶级的产生，反过来又促进了贸易的扩张。传统的贸易路线和交通方式此时变得捉襟见肘。拜占庭帝国的货币——索里达成为当时亚欧大陆通行的主要货币。如果说阿拉伯人和土耳其人主导的伊斯兰扩张是东方的"因"，那么，十字军东征就是西方的"果"。拜占庭帝国恰恰处于这些冲突的中心。

利奥三世责令牧首日耳曼努斯（Germán）禁止圣像崇拜，但遭到拒绝。

拜占庭帝国世俗和宗教事务的最高顾问支持皇帝并谴责牧首日耳曼努斯，但当日耳曼努斯被助手阿纳斯塔修斯接替后，教皇又反过来驱逐了阿纳斯塔修斯。

730年，东、西方教会第一次分裂。739年，君士坦丁堡发生地震。

741年，君士坦丁五世（Constantino V）成为拜占庭皇帝。

749年，瘟疫席卷君士坦丁堡，人口骤减。

751—880

拉文纳陷落

751年，伦巴第人占领拉文纳，赶走了拜占庭人。拜占庭在意大利的地位受到削弱。

775年，利奥四世接替君士坦丁五世。780年，君士坦丁六世加冕。

797年，伊琳娜废黜其子君士坦丁六世，自立为皇帝，成为拜占庭帝国和欧洲历史上的第一位女皇帝。

811年，尼基弗鲁斯一世在对抗保加利亚人的战争中阵亡。随后，斯陶拉基奥斯（Eustracio）继皇帝位。同年，由米海尔一世继任。813年，"亚美尼亚人"利奥五世（León V el Armeno）登基。

815年，君士坦丁堡牧首座堂结束了对破坏圣像者们的迫害。

820年，米海尔二世（Miguel II）建立了阿摩里亚王朝。

842年，"酒鬼"米海尔三世登基。同年，维京人进攻君士坦丁堡。867年，"马其顿人"巴西尔一世建立了马其顿王朝。

881—1080

大分裂

886年，"智者"利奥六世（León VI el Sabio）登上拜占庭王位。威尼斯脱离拜占庭帝国。

912年，亚历山大三世共治。913年，"生于紫室者"君士坦丁七世登基。920年，罗曼努斯一世（Romano I）加冕。

959年，罗曼努斯二世（Romano II）被推举为

拜占庭皇帝并收复了克里特岛和西西里岛。963年，尼基弗鲁斯二世·福卡斯（Nicéforo II Focas）掌权。

969年，约翰一世·齐米斯西斯（Juan I Tzimiscés）登基，"保加尔人屠夫"巴西尔二世为共治皇帝。1025年至1028年，君士坦丁八世在位。此后，佐伊和狄奥多拉与罗曼努斯三世（1028年登基）、米海尔四世（1034年登基）、米海尔五世（Miguel V，1041年登基）和君士坦丁九世（1042年登基）四位皇帝共同执政。

1054年，东正教会与罗马天主教会彻底决裂。

1056年，米海尔六世（Miguel VI）登基。

1057年，伊萨克一世·科穆宁建立了科穆宁王朝。

1081—1118

十字军东征

1081年，阿莱克修一世·科穆宁推翻了尼基弗鲁斯三世（Nicéforo III）在拜占庭的统治。

1082年，威尼斯帮助拜占庭遏制了诺曼人在

巴尔干地区的挺进，因此获得了珍贵的贸易特权。1084年，阿拉伯人占领安提阿。

1091年，塞尔柱突厥人和佩切涅格人围攻君士坦丁堡。

1095年，阿莱克修一世·科穆宁向西方基督教王国求援。

1097年，隐修士彼德的十字军混同法兰克人的十字军攻占安纳托利亚。

1099年，十字军占领耶路撒冷，在东方建立了多个拉丁国家。

1111年，比萨和热那亚从拜占庭获得贸易特权。

1143—1228

约翰二世·科穆宁与安提阿公国的十字军发生冲突。1143年，曼努埃尔一世·科穆宁登基。1147年，十字军开始了第二次东征，并在东征过程中趁机占领了拜占庭的部分领土。

在阿莱克修二世（Alejo II，1180年登基）和安德罗尼卡一世（Andrónico I，1182年登基）统治期间，科穆宁王朝走到了历史

的尽头。

伊萨克二世·安格鲁斯（Isaac II Ángelo）建立了安格鲁斯王朝，该王朝与热那亚（1203年）和比萨（1185年）签订了贸易协议。

1195年，阿莱克修三世（Alejo III）登基。1203年，阿莱克修四世（Alejo IV）登基。1204年，阿莱克修五世（Alejo V）登基。

1204年，第四次十字军东征占领了君士坦丁堡，建立了雅典公国和安纳托亚拉丁帝国。

1204年，拉丁帝国皇帝鲍德温一世（Balduino I）登基。1205年，亨利一世（Enrique I）登基。1221年，库特尼的罗伯特（Roberto de Courtenay）登基。1228年，鲍德温二世（Balduino II）登基。

1261—1352

衰亡

1261年，尼西亚帝国收复君士坦丁堡，米海尔八世建立了巴列奥略王朝。

1280年，奥斯曼帝国进犯拜占庭。

1303年，罗杰·德·弗洛

君士坦丁堡沦陷

近现代历史的开端

　　随着西罗马帝国的瓦解、日耳曼人的入侵和新文化的出现，促使许多王国产生。教会墨守的旧拉丁语加速向拉丁语系语言转化，并很快在新文学中得到体现。这一系列变化源于古罗马贵族的分裂：罗马贵族与"蛮族"血统融合，开启了封建化的进程。由罗马教会主导的十字军东征，从根本上说是为贵族服务的，主要目的是为了能够从伊斯兰教手中夺回圣地耶路撒冷。第四次十字军东征是为了占领埃及。但十字军没有做到的事，土耳其人做到了。1453 年，奥斯曼土耳其人占领了君士坦丁堡。从此，地中海贸易的命脉被新兴势力掌控，近现代历史拉开了帷幕。

❖ **罗马教皇圣格里高利二世**
（715 年至 731 年在位）面对伦巴第人的进犯，他指挥加固了罗马城墙。此外，他还试图将自己的权力凌驾于拜占庭牧首之上。

尔（Roge de Flor）对拜占庭宣战。

1311 年，加泰罗尼亚佣兵团占领雅典公国。

1321 年，发生了争夺拜占庭王位的内战。

1328 年，安德罗尼卡三世·巴列奥略（Andrónico III Paleólogo）登基。奥斯曼土耳其人于 1328 年占领以弗所，1329 年占领尼西亚。

1343 年，塞尔维亚人趁土耳其对拜占庭步步紧逼之机，占领了希腊局部。

约翰五世·巴列奥略（Juan V Paleólogo）登基。约翰六世·坎塔库泽努斯（Juan VI Cantacuzeno）发动政变篡夺王位。1347 年的黑死病让君士坦丁堡人口锐减。约翰五世·巴列奥略在塞尔维亚人和热那亚人的支持下，与依靠威尼斯人、阿拉贡人和奥斯曼帝国的约翰六世·坎塔库泽努斯发生内战。1352 年，在博斯普鲁斯海峡发生海战，双方不分胜负。

1365—1453

1365 年，土耳其人占领阿德里安堡。1376 年，安德罗尼卡四世·巴列奥略（Andrónico IV Paleólogo）登基。

1389 年，塞尔维亚在科索沃战败，落入土耳其人之手。1390 年，约翰七世·巴列奥略（Juan VII Paleólogo）占领尼西亚。

和曼努埃尔二世·巴列奥略共同执政。

1402 年，奥斯曼帝国苏丹巴耶塞特一世（Bayaceto I）包围君士坦丁堡，但最终无功而返。

1423 年，威尼斯占领塞萨洛尼卡。1448 年，约翰八世（Juan VIII）把皇帝的权杖传给了巴列奥略王朝的末代皇帝——君士坦丁十一世。

1449 年，苏丹穆罕默德二世进攻君士坦丁堡。

1453 年，君士坦丁堡落入奥斯曼帝国之手，君士坦丁十一世阵亡。

术语表

阿尔比派

是法国南部信奉纯洁派的异端派别。1208年，罗马教皇使臣皮埃尔·德·卡斯特尔瑙（Pierre de Castelnau）遇刺后，罗马教会下令对阿尔比派信徒进行镇压。1229年，镇压行动达到了高潮，随后，宗教裁判所消灭了最后的阿尔比派。

阿勒曼尼人

从3世纪开始渗透到罗马边界并在巴尔干地区生活的"蛮族"，"阿勒曼尼"意为"所有人"，他们自称为"斯瓦比亚人"。

阿里乌斯教派

这一宗教异端源自于4世纪亚历山德里亚·阿里乌斯（Arrio de Alejandría）提出的理论，他认为基督与圣父非同质。

阿萨瑞铜币

罗马统治时期色雷斯使用的小型青铜货币。约一千年后的13世纪末，拜占庭皇帝安德罗尼卡二世（Andrónico II）在位时再度启用。虽然重量更轻、铸造粗糙，但丝毫不影响它成为拜占庭帝国最重要的铜币。14世纪中叶，约翰五世和约翰六世联合执政期间的货币改革才让这种货币的使用告一段落。

阿斯佩银币

源自希腊语aspron，意为"白色"。拜占庭银币，铸有圣尤金（San Eugenio）的形象。

巴斯利孔银币

这种拜占庭的银币由安德罗尼卡二世和他的儿子米海尔九世（Miguel IX）采用，主要在威尼斯铸造而成。

拜占庭皇家近卫军

精英军团，是拱卫君士坦丁堡的核心军团。

拜占庭式的

作为一个形容词，西班牙皇家学院对它的解释为"无用的讨论、不合时宜、吹毛求疵的"。这一口语化的说法源自拜占庭和罗马之间关于神学问题无休止的讨论，双方经常对细枝末节的内容吹毛求疵，这一说法被广泛应用于文学之中。实际上，在16世纪至17世纪，西班牙发展出一种冒险类小说，因其模仿希腊作家，以及错综复杂令人难以置信的情节而被人称作"拜占庭式的小说"。

边防总督

东罗马帝国军队的军事首长。

边境区

帝国的边界领土，通常由掌管军事权力的副摄政官控制，分区享有特殊司法权，便于对多种族和不稳定的局势进行管理。"边境区"一词源于"侯爵"。

波格米勒派

保加利亚人信奉的二元论异端，该教派的教义在10世纪的巴尔干地区广泛传播。在14世纪奥斯曼帝国入侵之前，他们一直是独立的教会。

纯洁派

希腊语意为"纯洁"，二元异端教派的一种，如法国南部的阿尔比派和保加利亚的波格米勒派。

大主教

管辖整个教省的主教，在罗马天主教会中，相当于总主教。在东正教会中，大主教的地位更高，仅次于牧首。

大总管

宫廷大总管负责宫廷的营建和一切用度，因在等级森严的王室中具有重要的战略地位，所以成为政治阴谋的对象。

《法律选编》（旧称《埃克洛伽》）

利奥三世对《查士丁尼民法大全》（Código Justiniano）进行了精简和修订。

分裂

基督教会的分裂，主要指罗马天主教会和拜占庭东正教会之间的分裂。

福利斯镀银铜币

拉丁文意为"小钱包"，专指军团士兵的钱包，在戴克里先皇帝进行币制改革期间，这种镀银铜币开始流通。

哥特人

376年穿越多瑙河进入罗马帝国，寻求军队保护以抵御匈人侵扰的蛮族部落。5世纪，西哥特人灭了西罗马帝国，并对抗拜占庭帝国。东哥特人赶走了意大利半岛的拜占庭人，并在493年至534年维持了在意大利半岛的统治。由于信奉阿里乌斯派，所以与罗马天主教会不睦。

哈里发

在伊斯兰教中，统治者被认为是穆罕默德的继任者，一国之中至高无上的人物。

胡斯派

宗教改革家扬·胡斯（Jan Hus）的支持者在康斯坦茨会议上被定为异端。1415年，天主教会下令在波西米亚处死扬·胡斯。

毁坏圣像运动

反对东方教会对圣像的崇拜。在拜占庭伊苏里亚王朝皇帝的支持下，该运动在725年至842年间发展起来，借此对抗罗马天主教会。

基督一性论

认为基督的本质是神性而非人性的一个神学流派，在5世纪的叙利亚和科普特教堂中被广泛接受，后被罗马天主教会认定为异端。

加泰罗尼亚佣兵团

中世纪为欧洲基督教各王国服务的雇佣军团。1303年，他们在阿拉贡王国上将罗杰·德·弗洛尔的带领下东征，成为拜占庭帝国的雇佣军团。

军团长

在拜占庭帝国，军团长负责军事招募，为边防总督出谋划策。同时，它还指拜占庭帝国的行政区。

凯撒

授予皇帝的一种荣誉头衔。

可汗

这个称谓相当于国王，是可萨人和保加利亚人使用的首领头衔。

克拉斯玛塔

30年内没有收成的土地会被拜占庭帝国收为国有。这些被收回的土地就被称为"克拉斯玛塔"。10世纪，为应对激增的军费开支，国家大量出售这种土地，加速了农村化进程。

马赛克镶嵌画

拜占庭帝国一种高度发展的技术，用各色小型石块、大理石或玻璃拼制图案。最著名的拜占庭马赛克镶嵌画保存在拉文纳。

蛮族

希腊人用这个词来指代所有非希腊人。罗马人采用此说法，用其形容罗马帝国以外的所有人。

《摩西五经》

《摩西五经》是《旧约》最初的五部经典，与犹太版本的《启示录》（Revelación）相对应。对东正教会而言，《摩西五经》与《福音书》（Evangelios）同等重要。

牧首

这一头衔起先只授予安提阿、亚历山大和罗马的教会领袖，后也被授予君士坦丁堡和耶路撒冷的教会领袖。

聂斯脱里派

一种5世纪在叙利亚传播的神学教义。君士坦丁堡牧首聂斯托利（Nestorio）声称：圣母玛利亚只是生育耶稣的肉体，而非授予耶稣的神性。431年，该教义遭到以弗所大公会议的谴责。聂斯脱里派被视为异端而遭到迫害，这种情况直到获得奥斯曼土耳其人的庇护才得以好转。

诺米斯玛

拜占庭金币名。

全能者基督像

在希腊神话中用于形容宙斯，但在基督教文化中，被用来形容全能的圣父或基督。全能者基督像中的基督形象宏伟，占比很大，身后有光环。这些都是拜占庭马赛克镶嵌画的特征。

日耳曼人

罗马人对居住在莱茵兰地区蛮族部落的统称。

撒拉逊人

西方基督教王国对阿拉伯游牧部落的总称。十字军东征期间，这一称谓专指信仰穆斯林的阿拉伯人以及在地中海肆虐的海盗。

萨珊王朝

226年（另一种说法是224年），由阿尔达希尔一世（Ardashir I）建立。从此，波斯军队开始入侵拜占庭，并数次进攻君士坦丁堡。

上帝之母

希腊神学术语，在拜占庭专指圣母玛利亚。

圣像崇拜者

反对圣像破坏者的人，他们支持崇拜基督教圣像。

十字军东征

最初被称为"朝圣"，后转变为军事远征。罗马教皇和西欧的基督教王国以帮助拜占庭和巴勒斯坦的基督徒为幌子，派兵意图阻止伊斯兰军队的进犯并保持对地中海地区的控制。

索利都斯

货币名，是中世纪连接地中海和远东商路的通用货币。

泰法

在阿拉伯语中表示"派系"，后专指1031年科尔多瓦哈里发王国解体后，在西班牙出现的一些阿拉伯小国。

汪达尔人

406年，日耳曼人渡过莱茵河，越过高卢，经过西班牙，进入北非，在那里建立了王国。553年，拜占庭将军贝利萨留打败汪达尔人，重振了拜占庭帝国的国威。

倭马亚王朝

660年，由伊斯兰哈里发在大马士革建立的王朝。717年，伊斯兰军队试图占领君士坦丁堡，但是败给了由利奥三世皇帝指挥的拜占庭海军。

匈人

中亚草原上的民族，它的扩张导致其他民族不得不向罗马帝国迁徙。453年，匈人王阿提拉的突然去世才终止了匈人势不可挡的脚步。

总督

拜占庭帝国省长的头衔，6世纪于意大利设立。